Werden wie die Kinder,
die Welt mit anderen Augen sehen,
mag uns manchmal helfen,
die Menschen zu verstehen.

Dr. phil. Gerald Dunkl
österreichischer Psychologe und Schriftsteller

Kinder-Geschichten

... aus Deutschland und Afrika

Liebe Leseratten und liebe Freunde oder Eltern von Leseratten,

„Was lesen Kinder am liebsten?“, fragten wir JAKO-Os die, die es einfach am besten wissen: die Kinder! Deshalb haben wir all die „kleinen Kenner“ gebeten, ihre besten - **selbst erfundenen oder nacherzählten –** Geschichten aufzuschreiben und an uns zu schicken.

Unter den vielen Einsendungen haben wir im ersten Teil des Buches eine Auswahl zusammengestellt**, die kleine Köpfe mit viel Liebe erdacht und eifrige Hände aufgeschrieben haben.** Sogar selbst gemalte Bilder - teilweise richtige Kunstwerke - haben uns erreicht! Und hier sind sie nun: Die interessanten und lustigen Erzählungen, die sich gut lesen lassen und unseren kleinen Leseratten Mut machen, selbst etwas aufs Papier zu bringen – mit einer bunten Themen-Mischung aus Abenteuer, Freundschaft, Weihnachten, aber auch Alltäglichem, über Hausaufgaben und kleine Missgeschicke ... Wir haben all die schönen Geschichten nicht verändert – außer vielleicht ein paar klitzekleine Kommas oder Punkte ...

Im zweiten Teil unseres Buches kommen afrikanische Kinder zu Wort und beleuchten ihr Leben in einem Land, das uns so weit weg scheint: in Burkina Faso. Es sind genau die Kinder, denen mit dem Kauf des Buches geholfen wird - hier lernen wir sie kennen! Sie führen uns in eine fremde Welt, machen die Bilder, die wir oft nur aus den Medien kennen, lebendig, füllen sie mit „Seele“, berühren und schockieren uns manchmal, wecken Interesse und Neugier auf die kleinen Menschen hinter den Geschichten. Die Kinder erzählen aus ihrem Leben, einem Leben in Burkina Faso, das so ganz anders ist, und in dem Themen wie Familie, Hunger, Diebstahl und Schule eben auch ganz andere Dimensionen haben ...

Das Aufeinandertreffen der Kontinente Afrika und Europa in spannenden Geschichten, die Kinder aus beiden Erfahrungswelten in ihren eignen Worten erzählen, machen kleinen Lesern auf der einen Seite Spaß, bewegen sie auf der anderen Seite aber auch, regen sie zum Nachdenken an und helfen, dass sie ihre Nasenspitze mal ein bisschen „über den Tellerrand schauen lassen“. Mit einer guten Mischung aus Fantasie und Realität schaffen es die kleinen Autoren, einen Bogen zwischen Alltagsleben hier in Europa und Überleben in Afrika zu schlagen. Zweifellos ein außergewöhnliches Lesevergnügen!

Am besten, Ihr sucht Euch gleich einen gemütlichen Platz und schmökert los – oder lasst Euch vorlesen!

Viel Spaß dabei wünscht Euer JAKO-O Team!

Übrigens: 50 Cent pro verkauftem Buch unterstützen das Waisenhaus in Burkina Faso in Afrika. Warum wir einen Teil des Buch-Erlöses dorthin spenden, ist rechts zu lesen.

Warum spendet JAKO-O für Sahel e. V.?

Angefangen hat alles mit einem Buch, das **„Mama Tenga"** heißt. Darin erzählt **Katrin Rohde** von ihren ersten 8 Jahren im westafrikanischen Burkina Faso. Inmitten von Armut, Krankheit, Willkür und Gewalt hat sie dort mit viel Engagement und Durchhaltevermögen eine Reihe von Einrichtungen für Kinder und Jugendliche aufgebaut: Waisenhäuser, Werkstätten, Beratungsstellen, eine Krankenstation und vieles mehr ... Heute kennt sie jeder dort als „Mama Tenga" – Mutter Vaterland.

Ihr Bericht hat mich mitgerissen. Und – **manchmal „strickt" das Leben die merkwürdigsten Zufälle:** Katrin Rohde ist die Freundin einer Freundin. Ich nutzte die Chance und traf mich mit ihr. Dabei war sie so mitreißend wie ihr Buch und alles, was sie tut: erfrischend temperamentvoll, lebensfroh, voller Ideen, unkompliziert und spontan.

Kurzum: So viele Zufälle zur gleichen Zeit, diese selbstbewusste Frau und die **Projekte, die sie ohne Verwaltungs-Aufwand ganz unmittelbar anpackt,** haben uns überzeugt. Hier kann mit jeder kleinen Hilfe so viel getan werden! Deshalb fließt ein Teil des Erlöses aus diesem Buch in **Katrin Rohdes Waisenhaus-Projekt AMPO** in Quagadougou.
Mit Ihrem Kauf helfen Sie dabei mit – und können weiterhelfen.

Mehr Infos über Sahel e. V. finden Sie hinten im Buch und unter **www.sahel.de**

Vielen Dank für Ihre Hilfe sagt

Ihre

Bettina Peetz,
JAKO-O

inhalt

Teil 1 Geschichten aus Deutschland

Teil 2 Geschichten aus Afrika

Teil 1

Kinder-Geschichten aus Deutschland

Kinder schreiben für Kinder ...

Hallo, ich bin Vanessa.
Es würde mich freuen, wenn ihr meine Geschichte mögt.
ich bin 9 Jahre alt.
Viel Spaß beim Lesen.

ich heiße Hannah Erb und bin 10 Jahre alt. ich lese gerne und schreibe auch unheimlich gerne Geschichten. Da ich selbst eine Brille habe, kam mir die idee, mal aufzuschreiben, wie das alles zugeht, wenn man eine Brille bekommt. ich will mit meiner Geschichte allen Kindern Mut machen, die eine Brille bekommen oder schon eine haben. ich hoffe, meine Geschichte gefällt Euch.

Hallo, ich heiße Jannis, bin 8 Jahre alt und gehe in die 3. Klasse. Mein Lieblingsfach ist Heimat- und Sachkunde, Meine Hobbys sind Fußball spielen und lesen. ich denke mir gerne Geschichten aus, schreibe sie aber selten auf. Das ist meine erste aufgeschriebene Geschichte. Diese Geschichte habe ich meinen Eltern, Großeltern und Tanten zu Weihnachten geschenkt.

ich heiße Lotta Barabasch und bin 10 Jahre alt. ich gehe in die 5. Klasse und habe viele Hobbys: ich male sehr gerne und schreibe viel, ich lese auch und höre gerne Geschichten. ich spiele Trompete und Querflöte. ich würde mich freuen, wenn meine Geschichten Euch gefällt.

An dieser Geschichte habe ich lange herumgebastelt und – gefeilt. ich habe lange überlegt und viel Zeit verwendet. Es hat mich Mühe gekostet, so eine tolle und abenteuerliche Geschichte zu schreiben. ich hoffe, diese Geschichte bereitet Euch Freude und Spaß. ich freue mich, wenn die Ge-schichte mit einem Preis bewertet wird. ich heiße Alina, bin 9 Jahre alt und gehe in die 4. Klasse. ich bin eine Leseratte.

Sabrina, NatAlie und Kati

von Julia Grobb

1. Kapitel: Zu spät

An einem heißen Montagmorgen klingelte der Wecker von Natalie zum dritten Mal „diga dinga ringa“.

Sie hatte verschlafen. Als sie endlich richtig wach wurde, leutete die Kirchturm-Uhr acht Mal. Sie sprang aus dem Bett, zog sich an und verschwand.

Als sie in der Schule ankam, sagte Frau Kleiber:
„Natalie, du bist zu spät!“
Natalie sagte: „Entschuldigung, ich habe verschlafen.“
Darauf antwortete Frau Kleiber: „Na gut, setz dich!“

Natalie setzte sich auf ihren Platz neben Kati.
In Mathe rechnen sie heute Malaufgaben die ganze Stunde lang, bis es zur großen Pause klingelt.

2. Kapitel: Die neue Schülerin

Nach der großen Pause gehen alle wieder in die Klassen. Sagt Frau Kleiber: „Wir haben eine neue Schülerin. Sie heißt Sabrina."

Alle schauen sie an, Sven ruft:
„Wie sieht denn die aus, die ist doch voll arm."
Natalie antwortet: „Lass sie doch in Ruhe!"

Sabrina setzt sich. Sie ist supergut in Englisch.
Natalie staunt und ist ein bisschen neidisch.
Sandra sitzt eine Bankreihe vor Sabrina. Sie quatschen manchmal ganz leise.
Natalie macht auch mit. Frau Kleiber kündigt eine Klassenarbeit für Montag an und wünscht allen ein schönes Wochenende.

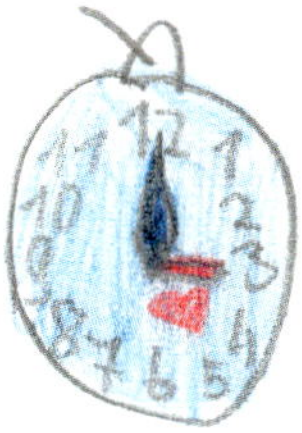

3. Kapitel: Die Einladung

Am Samstag klingelte es bei Natalie an der Tür. Natalie war nicht allein. Katie war zu Besuch bei ihr.

Kati öffnete die Tür. Es war Sabrina. Sie brachte eine Einladung für ihren Geburtstag. Sabrina gab die Einladung Kati und sagte: „Die ist für euch beide - Natalie und dich! Ich hoffe, ihr kommt zu meinem Geburtstag. Ich kenne ja noch niemanden in der Stadt.“

Natalie fragte ihre große Schwester, ob sie zum Geburtstag von Sabrina darf, denn ihre Eltern sind übers Wochenende verreist. Sie kommen erst am Montag zurück. Ihre Schwester sagte: „Da müssen wir erst unsere Eltern fragen!“

„Aber der Geburtstag ist doch schon Montagnachmittag!“, rief Natalie ganz verzweifelt. „Na gut, dann geh hin, es ist ja schließlich deine neue Freundin“, antwortete Lena.

4. Kapitel: Die Geburtstags-Überraschung

Am Montagmorgen trafen sich Sabrina, Kati und Natalie.
In der Schule angekommen, sagte Frau Kleiber: „Setzt euch hin, wir fangen gleich an mit der Arbeit!“ Nach dieser Stunde sind alle drei erleichtert. Dann haben sie noch Deutsch und Sport.

„Puh - Schule aus“, sagte Kati, als sie nach Hause gingen.
„Jetzt gehen wir zum Geburtstag zu Sabrina.“
Als sie dort ankamen, rief Sabrina: „Hallo ihr zwei, schön dass ihr da seid! Lisa und Jenny sind auch schon da.“ Dann stellte Sabrina ihre Freundinnen vor.

Nach dem Kaffee rief Sabrinas Vater aus dem Garten:
„Überraschung - kommt doch alle mal raus.“
Alle Mädchen stürmten in den Garten.

„Ein Baumhaus!“, rief Sabrina freudig. „Danke, danke, danke!“, sagte sie zu ihren Eltern. Alle staunten. Das Baumhaus hatte Sabrinas Vater ganz alleine gebaut. Schließlich hatten sie nicht viel Geld, um große Geschenke zu kaufen.

5. Kapitel: Der Streit

Sofort rannten alle auf das Baumhaus zu. Jede wollte die Erste sein. Als alle ein Plätzchen gefunden hatten, erzählten sie sich Geschichten. Jenny erzählte zuerst: „Wir sind ganz schön reich. Letzten Sommer waren wir in Schottland. Dort bin ich jeden Tag geritten. Mein Papa hat mir ein eigenes Pferd gekauft. Das war sehr teuer."

Da fiel Natalie ihr ins Wort: „Warum soll das wahr sein?" Jenny antwortete: „Weil ich das sagte – klar!?" Sie fingen an, sich zu streiten: „Giftkobold" „Blöde Ziege" und so weiter. Dann sagte Jenny zu Sabrina: „Entscheide dich – ich oder sie!" Sabrina sagte daraufhin: „Ich mag euch aber beide." „Ich oder sie!", rief Jenny noch einmal. „Es reicht" sagte Sabrina, „ihr seid beide meine Freundinnen!" Sabrina fing an zu weinen. Lisa und Kati trösteten sie. Natalie und Jenny entschuldigten sich bei Sabrina.

Von diesem Tag an waren alle fünf Mädchen die dicksten Freundinnen und unternahmen viel zusammen!

ich heiße Julia und bin 10 Jahre alt. ich schreibe gerne Geschichten, lese, schwimme und fahre gerne inliner. JAKO-O find ich cool. Mein Vorbild ist Astrid Lindgren. Hoffentlich gefällt Euch meine Geschichte.

Lea und Laura mit dem FlockenWUNDER

von Vanessa Zander

Lea konnte nicht einschlafen. Sie dachte an morgen, den 24. Dezember. Selbst ihr Meerschweinchen Laura konnte es nicht bis morgen abwarten.

Dann ging Lea ans Fenster und machte die Gardine weg.
Lea guckte in den Himmel und sprach zum Mond:
„Lieber Mond, ich kann nicht einschlafen!“
Aber der Mond war sowieso, wie er immer war.

Und nach einer Zeit begann es zu schneien. Inzwischen hat Lea ihr Meerschweinchen Laura aus dem Käfig befreit. Beide sitzen und sehen aus dem Fenster. Auf einmal entdeckt Laura eine goldene Schneeflocke. Lea macht das Fenster auf und hält die Schneeflocke sanft in der Hand.

Die Schneeflocke schmilzt nicht. Auf einmal verwandelt sie sich in einen kleinen Engel. Lea und Laura fragen den Engel, wo er herkommt. Der Engel sagt, dass er vorher eine normale Schneeflocke war. Der Engel wollte zur Erde. Denn er war ja vorher eine Schneeflocke.

Dann aber haben die anderen Schneeflocken von dir erzählt. Und dann hab ich mich in eine goldene Schneeflocke verwandelt und bin zu dir geflogen.

So und jetzt singe ich Laura und dir Lieder vor.

Laura und Lea schliefen gleich ein. Der Engel sang auch noch in Lauras und Leas Träumen. Und beide fanden den Gesang schöner als alles andere.

Am nächsten Morgen war kein Engel mehr da. Nun war der 24. Dezember. Lea konnte nun auch so schön singen wie der Engel.
Und Laura fand den Gesang den schönsten, den sie je gehört hat.

Hallo, ich bin Vanessa.
Es würde mich freuen, wenn ihr meine Geschichte mögt.
ich bin 9 Jahre alt.
Viel Spaß beim Lesen.

Bunter Himmel

von Lotta Barabasch

An einem schönen Samstag am Mühlenbach schauten Marie und Bastjan in den bunten Himmel. Noch nie hatten sie so etwas gesehen.

Auf einmal stand Marie auf und sagte: „Bastjan, lass uns zur alten Mühle gehen, da können wir spielen!“ Bastjan antwortete: „Na gut, wenigstens werden wir nicht nass, wenn es regnet.“ „Dann lass uns jetzt losfahren“, sagte Marie.

Sie nahm ihren Cityroller und Bastjan sein rotsilbernes Fahrrad, dann fuhren sie los. Nach einiger Zeit wurde das Plätschern des Mühlbachs lauter. „Dort vorne ist sie“, rief Bastjan und zeigte auf die immer größer werdende Mühle.

Endlich waren sie angekommen. Schnell nahmen sie ihre Fahrzeuge und trugen sie über die grüne Wiese. „Jetzt aber rein!“, rief Marie. „Ja, ja, kleine Schwester Nervensäge. Nicht so eilig!“, sagte Bastjan laut, als er durch den hölzernen Türrahmen kam.

Doch Marie hörte ihn fast gar nicht, denn sie stand am Fenster und schaute erst auf einen Zettel und dann aus dem Fenster.
Auf dem Zettel stand:

> Wenn der Himmel bunter wird,
> wird zwar keiner siegen,
> keiner weinen, nur die Mühle fliegen.
> Nicht drei sondern zwei Kinder
> werden mitkommen.
> Ja, es sind die Frommen.

Bastjan war langsam und leise die Treppe rauf und zu Marie gekommen. Er fragt: „Wo war der Zettel?“ „Er hing ganz versteckt unter dem Fensterbrett“, sagte Marie etwas zitternd. „Bestimmt erleben wir etwas ganz Tolles.“ Sagte Bastjan beruhigend zu ihr.

Plötzlich ruckelte und zuckelte die Mühle und der Himmel wurde immer bunter und bunter. Als der Himmel ganz bunt war, mit vielen verschiedenen roten, lila und ein wenig blaurosa Farben, da hob die Mühle ab.

Auf einmal hörten die beiden eine hohe Stimme etwas sagen. Diese schöne, aber seltsame Engelsstimme sagte: „Hallo, ich heiße Salome und will euch mitteilen, was jetzt passiert. Ihr seid auserwählt zu einem Abenteuer, denn ihr könnt schweigen und Rätsel lösen.

Ihr seid Geschwister, die zusammenhalten und nur ihr könnt den bunten Himmel sehen. Also könnt auch nur ihr den bunten Himmel retten.
Für eure Welt ist die Zeit stehen geblieben, aber wenn ihr den bunten Himmel nicht rettet, erscheint er erst in hundertzwanzig Jahren wieder.“

Die schöne Stimme war inzwischen zu einem Engel geworden.
Die Kinder hatten gespannt zugehört und jetzt fragte Marie:
„Solange dauert das?“
„Ja.“, antwortete Salome.

„Wir retten den bunten Himmel. Oder Marie?“ sagte Bastjan entschlossen.
„Das würdet ihr tun? Es braucht Kraft und Liebe!“
„Ja, wir machen’s.“, sagten jetzt noch mal beide.

Und auf einmal waren sie in einer ganz anderen Welt.
Sie waren in einer ganz grauen Welt gelandet.
„Also, es gibt nur einen Weg zum bunten Himmel. Es ist der Mut, der euch zum goldenen Platz vom bunten Himmel bringt.“, sagte der Engel Salome.

Jetzt waren sie allein und ganz ratlos. Da sagte Marie:
„Am besten wir gehen erst mal ins Rathaus, dort gibt es immer Rat.“
Im Rathaus erfuhren sie dann, dass es eine Aufgabe gab, die darin bestand, das bunte Himmelslicht in Noten aufzuschreiben.

Jetzt wussten sie, was sie zu tun hatten. Also erst einmal brauchten sie einen bunten Stift. „Los, in den Wald, wir brauchen Holz!“, rief Marie.
Schnell ging Bastjan in den dunklen, gefährlichen Wald.
Nach einer kleinen Weile kam er zurück mit einem Holzklotz.
Marie hatte einen scharfen Stein gefunden und schnitt jetzt das zarte Holz durch. Sie legte das Holz in die Sonne, während Bastjan einen Buntstift schnitzte. Nun fehlte nur noch die Mine des Stiftes.

Da hatte Marie eine Idee und fing an zu singen. Aber es passierte nichts.
Erst als sie das Lied „Tri-Tra-Tralala“ sang, bewegte sich etwas in dem holen Stift. Gemischte Farben drehten sich langsam im Stift.
Marie lachte und freute sich sehr mit Bastjan.

Auf einmal öffnete sich ein Tor vor ihnen. Sie gingen hindurch und sahen einen ganz grauen Schreibtisch. Sie legten ein Blatt darauf und fingen an zu schreiben, immer abwechselnd. Es ging so: A, G, A, G, C, D, E.

Plötzlich erschien eine kleine Gartenpforte und dahinter eine Wendeltreppe.
Sie stiegen hinauf und als sie fünf Stufen gegangen waren, stieg die Treppe immer höher und höher und das drei Stunden lang.

Dann sahen sie die goldene Stelle des bunten Himmels.
Sie gingen neun Schritte und standen genau vor dem Platz.
Dort sahen sie den bunten Himmel. Er wurde immer grauer.
„Schau mal Bastjan, hier sind überall die Tiere auch ganz grau!“
„Stimmt! Jetzt lass uns den bunten Himmel befreien!“

Hier ist ein Gitter", sagte Bastjan. „Aber hier der Schlüssel für den Käfig!", rief Marie. „Prima Marie, hier ist das Schlüsselloch!"

„Wir müssen zusammen den Schlüssel umdrehen!", sagte Marie keuchend. Okay!", sagte Bastjan zu ihr, aber die Tiere hörten alles, was sie sagten. Plötzlich drehte sich der Schlüssel von selbst um und Bastjan und Marie fielen durch ein Wolkenrohr.

Kleine Ritzen gaben ihnen die Chance, den bunten Himmel zu sehen, und laut riefen beide etwas wie aus einem Munde: „Wir haben es geschafft!"

Aber da lag ja etwas in ihren Schößen. Zwei Bilder von Salome. Dankeschön – dieses Wort stand auf der Rückseite. Gerade landeten sie auf der grünen Wiese und fuhren, ohne es richtig zu merken, nach Hause. Jedes Mal, wenn sie auf ihr Bild guckten, dachten sie an ihr kleines Abenteuer.

ich heiße Lotta Barabasch und bin 10 Jahre alt. ich gehe in die 5. Klasse und habe viele Hobbys: ich male sehr gerne und schreibe viel, ich lese auch und höre gerne Geschichten. ich spiele Trompete und Querflöte. ich würde mich freuen, wenn meine Geschichten Euch gefällt.

So ein Schreck!

von Michelle Lüdtke, 9 Jahre

Maunzi ist eine kleine schwarze Katze mit weißen Pfoten und einem weißen Bauch. Sie lebt bei einer Familie mit zwei Kindern: Jana ist 7 und Michael ist 5 Jahre alt. Oft spielen die beiden mit ihrer kleinen Katze.

Eines Tages, als Maunzi draußen war, kam ein großer, brauner Hund auf sie zu. Er bellte ganz laut und fletschte die Zähne. Maunzi lief weg. Doch der Hund war ihr dicht auf den Fersen. Er kam näher und näher. Wieder bellte er. Maunzi hatte furchtbare Angst. Sie rannte bis zum Rathaus, das mitten in der Stadt stand. Zufällig ging gerade ein Mann hinein. Maunzi lief schnell durch die Tür, die gerade noch einen kleinen Spalt offen stand.

Als der große Hund hindurch wollte, war die Tür hinter Maunzi jedoch schon zugefallen. Der Hund bellte wütend draußen und kratzte an der Tür. Aber nach einiger Zeit verschwand er. Maunzi war sehr froh, dass der Hund weg war. Doch wie sollte sie jetzt wieder aus dem Rathaus kommen?

Zum Glück war sie nicht so groß wie der Hund und in einem Büro stand ein Fenster einen Spalt offen. Maunzi kletterte an dem Vorhang hoch und sprang durch das Fenster ins Freie. Aber wie war sie hierher gekommen? Als der Hund sie verfolgte, hatte sie gar nicht aufgepasst, durch welche Straßen sie gelaufen war. Sie lief hin und her, doch sie konnte die richtige Straße für den Heimweg nicht finden. Maunzi war schon ganz verzweifelt.

Auf einmal kam Jana um die Ecke. Sie hatte gerade Schulschluss. Nach der Schule ging sie immer den Weg am Rathaus vorbei nach Hause. Überglücklich rannte die kleine Katze zu dem Mädchen. Als Jana sie sah, rief sie: „Maunzi, wieso treibst du dich denn hier herum?" Aber dann nahm sie die kleine Katze auf den Arm und trug sie nach Hause. Maunzi kuschelte sich froh an Jana und schnurrte leise.

1000 schwarze Ponys

von Sofia Frye, 10 Jahre

Auf der schwarzen Insel war alles schwarz, die Bäume, Büsche – und die Ponys. Eigentlich gefiel ihnen das.
Nur eines machte ihnen Sorgen: Jede Woche kamen riesige Vögel, die die Ponys entführen wollten. Bisher war ihnen das noch nicht gelungen, denn die Pferdchen konnten sich gut tarnen.

Heute spielten ein paar Fohlen am Strand. Plötzlich wurde alles bunt! Nur alle Ponys blieben schwarz, bis auf eines: Juventus.
Er war zu einem Grauen geworden! Die anderen ärgerten ihn, weil er nicht mehr schwarz war. Doch sein Vorteil war ihm noch nicht bewusst. Er passte zur Insel, konnte sich tarnen.

Die anderen nun nicht mehr. Die Insel nahm nicht gerade natürliche Farben an: Die „schwarzen Höhlen" wurden gelb, und kein Pony war mehr sicher in ihnen. Das Gras wurde lila-gelb – zum Tarnen absolut ungeeignet!

Während die anderen Ponys verzweifelt versuchten, auch nur einen schwarzen Fleck auf der Insel zu sehen, hatte Juventus sein Versteck bereits gefunden: ein grauer Steinhaufen in der Nähe der Höhle.

Am nächsten Tag kamen mal wieder die Vögel. Die Ponys rannten um ihr Leben, bockten, stiegen und schlugen Haken. Fast wurde ein junges Fohlen erwischt! „So geht das nicht weiter…“, dachten einige Ponys, denn sie konnten ja nicht reden. Sie beschlossen kurzerhand auszuwandern. Doch Juventus wollten sie nicht mitnehmen. Die schwarzen Ponys zogen gefallene Baumstämme zum Meer, und Juventus sah ihnen traurig nach.

Genau in diesem Moment stürmten 999 Riesenvögel auf das graue Pony herab. Aber kurz bevor die Vögel Juventus ergreifen konnten, verwandelten sie sich in Pferde!

Sie waren weiß, gefleckt, braun und passten perfekt zu den neuen Farben der Insel. Komischerweise kamen die Riesenvögel auch nie wieder. Sie hatten sich alle in Ponys verwandelt.

Nach ein paar Jahren kamen Bauern auf die Insel.
Es waren nette Menschen, die den vielen Ponys und Pferden oft Futter vor die Tür stellten. Mensch und Tier waren glücklich, aber so sollte es nicht bleiben.

Kaufleute kamen auf die Insel, um Hotels und Straßen zu bauen. Sie brachten die schwarzen Ponys mit, die vor vielen Jahren geflohen waren. Sie trugen Sättel, auf denen Touristen saßen.
Die Ponys hielten an. Die Touristen stiegen ab.

Und genau in diesem Moment rissen sich die Schwarzen von den Führleinen los und stürmten zu ihren Artgenossen in den Wald.
Dort berichteten sie den bunten Ponys ihre Erlebnisse.

Ein kleines Shetty machte den Anfang:
„Ich musste ganz schnell laufen!“ „Mich haben sie einfach in eine Box gestellt!“, wieherte ein edler Araber. Das riesige Shire Horse ergriff das „Pferdewort“: „Wir müssen die Touristenführer und Kaufleute vertreiben. Sie verschmutzen unsere Insel!
Wenn wir Shire Horse uns auf die Hinterbeine stellen, kriegen sie bestimmt Angst!“

Und so geschah es: Die großen Pferde bäumten sich vor den Kaufleuten auf, und flüchteten in Panik von der Insel. Die kleinen Ponys bissen den Touristenführer in die Beine. Juventus machte mit ein paar Fohlen den Wald wieder sauber.

Er sammelte Milchpäckchen, Plastiktüten, Dosen und alles, was er finden konnte! Es machte ihm Spaß, den kleinen Fohlen zu zeigen, wie man Tüten mit dem Maul nahm und zu den Bauern brachte.

Nach ein paar Tagen, nachdem die Kaufleute und Touristenführer vertrieben waren, sammelten die Ponys Abfälle auf der ganzen Insel. Die schwarzen Pferde brauchten nun keine Angst mehr vor den riesigen Vögeln zu haben.

Juventus hatte gelernt, dass es gut war, wie er war, und das man seinen Lebensraum sauber halten und auch mal säubern soll. Von da an waren Bauern, Ponys und Pferde auf der schwarzen Insel glücklich!

Der WUNSCHpulli

von Alina Nüchter

Annabell, Marie, Max und Paul kennen sich schon seit dem Kindergarten und sind bis heute noch sehr gute Freunde. Über's Wochenende schlafen sie immer bei Annabell.

An einem Morgen (es ist Freitag) kommt Marie mit einem neuen Pulli in die Schule. Er ist schwarz, hat schwarz-weiße Ärmel und eine gelb-braune Schatzkiste, die von funkelnden Sternen umgeben ist.

„Toll! Super Pulli! Wo hast du den her?", fragt Paul. „Meine Oma hat ihn mir mitgebracht." Alle bewundern Maries Pulli. Sogar die Lehrerin.

Endlich ist die Schule aus und sie gehen zu Annabell. Dort gibt's immer leckere Sachen. Heute gibt's Würstchen mit Kartoffelbrei und Ketchup. Zum Nachtisch dürfen sie es sich aussuchen: Entweder rote Grütze, Schokokuchen oder Erdbeereis.

Nach den Hausaufgaben rennen sie nach draußen. Annabell hat vorsichtshalber Schreibzeug mitgenommen. „Machen wir eine Schatzsuche? Wir teilen uns in zwei Gruppen und die erste Gruppe rennt mit fünf Minuten Vorsprung voraus, lässt aber Papierschnipsel fallen", schlägt Marie vor.

„Gute Idee!", meinen auch Paul und die anderen zwei. Es ist sofort klar, wer mit wem zusammen im Team ist. Max rennt mit Annabell voraus und Marie und Paul jagen ihnen nach. Nach einer guten Stunde halten Annabell und Max an und setzen sich ins Gras. Kurz darauf kommen Marie und Paul angejoggt. Sie setzen sich und verschnaufen eine Weile.

Dann fragt Paul plötzlich: „Wo sind wir hier eigentlich? Ich kenne diesen Ortsteil nicht.“ Alle sehen sich fragend an. Es dämmert schon. Da hat Annabell eine Idee: „Diesmal bleiben wir zwar zusammen, aber wenn wir heim wollen, folgen wir am besten einfach der Spur von den Papierschnipseln.“ Das ist tatsächlich die einzige Lösung.

Zusammen gehen sie heim und kommen gerade noch rechtzeitig zum Abendessen wieder heim. Als sie ihr Matratzenlager gebaut haben, meint Marie: „Ich wünschte, wir wohnen in einem Schloss. Mit Dienern und ganz vielen Katzenbabys.“ Der Pulli, der über einem Stuhl hängt, fängt an zu leuchten. Dann gibt es einen Knall. Es ist dunkel.

Dann merken die vier, dass sie in einem anderen Bett liegen.
Sie schauen in eine hohe Kuppel. Sie ist mit Engeln und Eseln bemalt.
Eine Tür geht auf und die Lehrerin (diesmal in einem langen Gewand) tritt ein. „Was ist passiert? Ich habe Eure Hoheit schreien hören!“, fragt sie.
„Kann ich mal was zu trinken haben?“, fragt Paul völlig benommen.
Als die Dienerin gegangen ist, fragt Marie: „Wo sind wir hier?
Ich glaube, wir sind in einem Schloss. Aber wie ist das passiert?“
Die drei anderen wissen auch keine Erklärung. „Vielleicht ...“
„Hier! Euer Wasser, Hoheit“, wird Paul von der Lehrerin unterbrochen.

Als Paul getrunken hat, überlegt Max scharf: „Marie hat sich gewünscht, dass wir in einem Schloss sind, mit Dienern und so. Und dann ...“
„Schau mal! Die sind süß! Sie kuscheln sich in meinem Pulli!“, ruft Marie und deutet auf drei Katzenbabys.

Doch Max überlegt weiter: „Der Pulli hat doch geleuchtet.
Und warum ist er überhaupt mit dabei im Schloss?“ Annabell ist hingerissen von den Kätzchen, doch sie müssen wieder heim. Das ist klar. „Hört mal!“, ruft Max. „Ich probier mal was aus, okay?“, fragt er. „Und was?“, will Marie wissen. Max erklärt ihnen, was er vermutet. Dann sehen alle gespannt auf den Pulli.

Marie spricht: „Ich wünsche, dass die Katzenbabys bei mir zu Hause sind und die Lehrerin wieder bei sich zu Hause ist.“
Der Pulli fängt an zu leuchten. Dann gibt es einen Knall. Es ist dunkel. Die Katzen sind weg. „Es hat geklappt! Jetzt fehlt nur noch das Schloss!“, freut sich Max. „Ich wünsche mir, dass wir wieder bei Annabell zu Hause sind.“ Sagt Marie. Der Pulli fängt wieder an zu leuchten. Ein Knall ertönt.

Noch einer. Es ist dunkel. Dann wird eine Türe geöffnet. Annabells Mutter Silvia kommt herein. „Ich wollte euch fragen, ob ihr nur rein zufällig – es betrifft euch natürlich null – ein bis drei Knalle gehört habt.“ Sie schaut fragend in die Runde. Alle vier wissen, dass sie gemeint sind, die die Knalle verursacht haben. Und es stimmt sogar.

„W...was f..füfür...Knall..Knalle?“, fragt Max. Er ist ein schlechter Schwindler. „Wir haben wirklich keine Knalle gehört. Waren sie denn so laut?“, fragt Paul scheinheilig. Er ist in der Theater-AG.

Anscheinend hat Silvia begriffen, dass sie bei Marie, Annabell, Paul und Max nichts erreichen kann. Als sie gegangen ist, sprudelt es aus Annabell nur so heraus: „Mensch, begreift ihr denn nicht? Mit diesem Pulli könnte ich mir ein Pferd wünschen! Oder dass wir nie mehr Hausaufgaben kriegen!

Diese Zauberkräfte müssen wir nützen!“ Endlich kapieren die anderen und Paul ruft: „Ich wünschte, ihr beiden Mädels wärt in mich verknallt!“ Doch der Pulli reagiert nicht. Sie sehen sich erschrocken an. Es wäre auch zu dumm, wenn der Pulli jetzt seinen Geist aufgeben würde.

Annabell überlegt: „Ich und Max müssten es noch ausprobieren. Wenn es bei uns auch nicht klappt, ist klar, dass es nur bei Marie funktioniert. Er gehört nun mal ihr.“

Das stimmt. Auch Annabell und Max probieren es aus. Bei ihnen klappt es auch nicht. Marie wünscht sich: Ich wünsche mir, dass meiner Mama die Katzenbabys gefallen und dass sie sie behält.“ Der Pulli fängt an zu leuchten. Dann ertönt ein Knall. Es ist dunkel.

Marie schaut fragend in die Runde. „Wünscht sich noch jemand was?“ „Ja!“, ruft Annabell. „Ich wünsch’ mir, dass meine Mama die Knalle vergisst!“ „Gut.“ Sagt Marie. „Ich wünsche, dass Annabells Mutter die Knalle vergisst.“ Der Pulli fängt abermals an zu leuchten. Wieder ertönt ein Knall.

Es ist dunkel. „Juhuuu!“, ruft Paul. „Bitte, bitte, bitte Marie, wünsch dir, dass ihr Mädchen mich liebt! Bitte, bitte!“ „Nö“, meint Marie. „Ich bin doch nicht so bekloppt. Aber ich wünsche mir, dass wir jetzt schlafen und schöne Träume haben.“ Der Pulli leuchtet los. Diesmal ist es nur ein dumpfer Knall.

Paul gähnt: „Uua! Gute Nacht. Morgen wünschen wir weiter.“ „Genau“, stimmt Annabell schläfrig zu. In weniger als einer Minute sind die fünf eingeschlafen. Max schnarcht.

An dieser Geschichte habe ich lange herumgebastelt und – gefeilt. ich habe lange überlegt und viel Zeit verwendet. Es hat mich Mühe gekostet, so eine tolle und abenteuerliche Geschichte zu schreiben. ich hoffe, diese Geschichte bereitet Euch Freude und Spaß. ich freue mich, wenn die Geschichte mit einem Preis bewertet wird. ich bin 9 Jahre alt und gehe in die 4. Klasse. ich bin eine Leseratte.

Das kleine Sternchen

von Lisa-Marie Bayer

Es war einmal ein kleines Sternchen, das lebte oben im Himmel beim Mond und den anderen Sternen. Doch das Sternchen war so klein, dass es von keinem richtig beachtet wurde. Es war oft alleine und sprang von Wolke zu Wolke.

Einmal überschätzte sich das kleine Sternchen. Der Abstand zwischen den Wolken war zu groß und das kleine Sternchen fiel zwischen den Wolken hindurch. Ganz tief hinunter auf die Erde. Genau in eine Matschpfütze.

Und da lag es nun in der eisigen Kälte und war ganz alleine. Das kleine Sternchen fing an zu weinen. Doch da sah es zwei kleine Engelchen auf sich zugeflogen kommen. Sie lächelten ihm zu, nahmen es und flogen wieder mit ihm hoch in den Himmel.

Oben auf einer Wolke stand eine kleine Badewanne mit ganz viel Schaum. Dort setzten die Engelchen das kleine Sternchen hinein und wuschen es gründlich. Am Ende polierten sie es noch mit „Glitzerglanz“ aus einem goldenen Fläschchen.

Es war schon spät und das kleine Sternchen ging auf seine Wolke schlafen.

Als am nächsten Abend der Mond aufging, wurde er geblendet vom Strahlen des kleinen Sternchens. Es leuchtete heller als alle anderen Sterne zusammen. Von dem Tag an durfte das kleine Sternchen immer als erstes mit dem Mond aufgehen und jeder konnte es sehen. Das kleine Sternchen bedankte sich bei den Engelchen und leuchtet bis heute als
hellster Stern am Himmel.

Wie ich meinem FISCH das Bellen beibrachte!

von Katharina Baumann

Die Schule war aus. Ich ging nach Hause. Zu Hause hatte ich keine Lust auf Hausaufgaben. Da ging ich raus zum Spielen. Aber ich sah niemanden, mit dem ich spielen konnte.

Ich setzte mich auf die Treppe um nachzudenken. Da hatte ich eine Idee. Ich ging wieder ins Haus. Dort nahm ich unseren Hund und trat vor das Aquarium. „Bell mal“, sagte ich zu unserem Hund.

Aber von alleine bellt kein Hund. So machte ich meine Hausaufgaben. In der Nacht schlich der Hund zum Aquarium.

„Ich will dir das Bellen beibringen“, sagte unser Hund. „Blubb, blubb kannst du das denn?“, fragte der Fisch. Der Hund trat noch dichter an das Aquarium. „Sag mal Wa, Wa“. „Bla, bla“, sagte der Fisch. „Nein, nicht so! ‘Wa, Wa’ sollst du sagen, und dann einfach noch ein ‚u’ dazutun.“ „Also zu dem Bla noch ‚u’, also ‚blau’“, sagte der Fisch.

Nein, ich gehe jetzt ins Bett. Morgen machen wir weiter.“ Der Hund trottete müde in seinen Korb und schlief dann sofort ein.

Am nächsten Morgen fragte ich meine Mutter: „Kann ein Fisch bellen?“ „Nein, natürlich nicht“, sagte meine Mutter. Sag mal Wau“, sagte ich zu meinem Fisch. Doch der Fisch blieb stumm.

In der Nacht lief der Hund – er hieß Wuschel – zu meinem Fisch. „Wir machen weiter“, sagte Wuschel. „O.K.“, ich habe die ganze Nacht geübt. Ich kann es. Wau.“ „Gut gemacht“, lobte der Hund.

Am nächsten Tag sagte ich zum Fisch: „Sag mal Wau." „Wau", sagte der Fisch. Ich ging ganz überrascht zu meiner Mutter. „Mama, ich habe meinem Fisch das Bellen beigebracht."

ich finde es toll, dass JAKO-O so einen Wettbewerb macht. Die Geschichte stammt aus meinem Aufsatz aus der 3. Klasse.

Neles allergrÖßtes AbeNteueR!

von Julia Meckel, 10 Jahre

Tief, tief unten auf dem Meeresgrund lebten die Meerjungfrauen und die Meermänner. Auch das kleine Meermädchen Nele lebte dort, mit ihrer kleinen Schwester Luzy und ihrem großen Bruder Sven. Natürlich hatte Nele auch eine Mama und einen Papa, Melli und Winni. Als Nele 12 Fische (Jahre) alt wurde, bekam sie von ihrer Mama und ihrem Papa die Erlaubnis, aus der Bucht ins weite Meer zu schwimmen. Na das war das tollste Geschenk, was man ihr überhaupt machen konnte!

Und am nächsten Tag ging's dann schon los:
Als sie da gerade so aus der Bucht schwamm, war ihr doch ein wenig mulmig zumute, aber das hielt sie nicht auf. Sie schwamm weiter und weiter und weiter, bis sie an einen großen Seetangwald kam.

Sie wollte geradewegs hindurch schwimmen, als sie ungefähr in der Mitte des Waldes merkte, dass sie festhing. Da hörte sie ein lautes Singen und Klicken, es hörte sich sehr lustig an. Plötzlich kam eine Herde laut schnatternder Delfine angeschwommen. Sie wichen den Algen geschickt aus und bissen solange an den Fesseln, bis sie befreit war.

Danach führten sie sie ins freie Meer. Aber da gab es wieder ein Hindernis, vor ihr lag ein großes Felsenlabyrinth. Sie wollte schon umkehren und zurück schwimmen, aber die lustigen Delfine hielten sie auf. Es gab drei Eingänge, die mit drei Gegenständen gekennzeichnet waren.

Vor den Eingang ganz links war eine Muschel gemalt. Nele wollte sich bei den Delfinen bedanken, aber die waren schon weg. Also machte sie sich auf den Weg. Aber bald kam sie an eine Abzweigung. Doch da, ja der Weg geradeaus, dort schimmerte eine Muschel. Sie entschied sich deswegen für ihn. Bald kam sie an eine Mauer. Von dort an ging der Weg Richtung Eingang Mitte. Bald aber kam ein kleines Loch in der Felsenmauer, und dahinter lag eine Muschel. Es gab keinen Zweifel, sie musste durch das dünne Loch. Also zwängte sie sich durch.

Nun ging es lange geradeaus, bis sie an eine neue Abzweigung kam.
Sie versuchte, eine Muschel zu erblicken, doch vergeblich, es war keine zu finden. Sie entschied sich einfach für eine Richtung, doch schon nach kurzer Zeit merkte sie, dass sie falsch war und kehrte wieder um.

Doch da Umkehren war gar nicht so einfach, nein! Da plötzlich sah sie in der Ferne einen kleinen Punkt leuchten und glitzern, genauso leuchtete auch die letzte Muschel beim Spalt.

Sie schwamm so schnell sie konnte hin und wahrhaftig, es war eine Muschel, eine neue, die sie auf den rechten Weg geführt hatte. Es ging jetzt lange, lange geradeaus. Dann kam eine Abzweigung, bei der sie auf dem mittleren Weg in der Ferne etwas glitzern sah. Der Weg machte eine große Kurve, und nach einer fast endlosen Strecke war sie wieder im freien Meer.

Nach kurzer Zeit sah sie ein wundervolles Segelschiff mit goldenem Mast und staunte gar nicht schlecht. In wundervoller Zierschrift stand silbern glänzend auf dem weiß lackierten Schiff: ZÜPERR. Die Züperr, dachte Nele und lachte. Sie schwamm langsam in das untergegangene Schiff hinein.

Alles war mühsam verziert, aus Gold, Silber, Bronze oder aber aus feinstem Holz und Edelstein. Da hörte sie plötzlich ein unheimliches Klopfen, draußen außerhalb des Schiffes.

Sie konnte es sich nicht erklären, aber in ihr stieg Panik hoch.
Sie dachte an das, was Papa ihr erzählt hatte über die Fleischfresser. „Sie sind gefährlich!“ Wenn das da draußen nun ein Fleischfresser war? Sie wollte einerseits schnell aus der Züperr raus, aber wenn dort ein Ungeheuer lauerte, konnte sie das nicht.

Sie schaute vorsichtig zum Kajütenfenster hinaus und entdeckte, dass sie es wahrhaftig mit einem Ungeheuer zu tun hatte, einem der gefürchtetsten, nämlich einem Hammerhai!

Plötzlich begann Nele zu schwimmen. Ja, sie schwamm! Aber warum tat sie das überhaupt? Sie schwamm aus dem Schiff, geradewegs auf den Hammerhai zu. Endlich hatte sie sich aber wieder eingekriegt, wich ihm aus und suchte blitzschnell hinter dem Schiff Deckung.

Warum hatte sie plötzlich so dumm gehandelt und nichts gegen sich selbst tun können? Warum war das einfach so mit ihr geschehen?
Da sah sie etwas und begriff auf einmal alles. Sie bekam einen riesigen Schreck, denn der Mast war auf das Schiff gekracht und hatte es fast vollkommen eingedrückt.

Als der Hammerhai mehrmals gegen das Schiffswrack gedonnert war, hatte er sich gelöst. Wäre Nele nicht heraus geschwommen, wäre ihr der Weg blockiert gewesen. Da hatte sie gerade noch einmal Glück gehabt. Hatte sie die zweite Gefahr neben der ersten augenscheinlichen innerlich gespürt? Nele konnte sich darüber jetzt aber keine langen Gedanken machen.

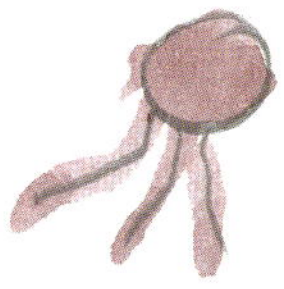

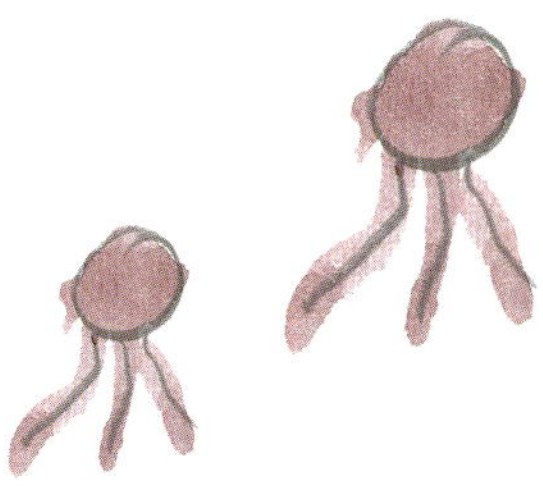

Hinter einem Felsen tauchte eine riesengroße Kreatur auf, majestätisch und am ganzen Körper weiß getüpfelt. Die Kreatur beherrschte Neles Sprache und fragte leise: „Bist du in Schwierigkeiten? Ich bin Marakao, der Walhai." Darauf antwortete Nele: „Ja, ich stecke wahrhaftig in Schwierigkeiten, der Hammerhai da vorne verfolgt mich und ich komme an ihm nicht vorbei. Kannst du ihn nicht verscheuchen, du bist doch so groß und mächtig."

Marakao sagte: „Setz dich auf mich und halt dich gut fest! Jetzt verscheuchen wir den mal." Kaum sah der Hammerhai Marakao, verzog er sich auch schon. Dann ging es mit Vollkaracho durch das Felsenlabyrinth. Den kleinen Spalt sprengte er ohne eine Miene zu verziehen zu einem großen Weg. Im Seetangwald blieb Marakao kein einziges Mal hängen, dafür war er zu groß.

Er setzte Nele zum Schluss vor der Bucht ab und sie verabschiedeten sich. „Vielleicht treffen wir uns wieder mal bei der Zyperr, ich wohne dort in der Nähe. Wollen wir Freunde werden?“ Die Antwort darauf folgte wie ein Blitz: „Na, klar! Auf Wiedersehen Marakao!“

Nach der Verabschiedung schwamm sie wieder in die Bucht, wo sie hergekommen war. Sie suchte ihr Haus aus dem Gewirr der Häuser der Wasserleute und schwamm zu ihrer Mama in die Küche. Die war heute leider motzig drauf und löcherte sie mit Fragen, wo sie lange geblieben war und wo sie sich rumgetrieben hatte. Das machte ihr heute aber gar nichts aus, bei den tollen Abenteuern und immerhin hatte sie einen Freund gewonnen.

Sie schwamm die Treppe hinauf in ihr Zimmer. Sie lümmelte sich in ihren Algensack und überlegte. Da hatte sie eine Idee. Sie suchte in ihrer Spielzeugkiste mit den Gummitieren nach Delfinen, Walen und Haien.

Sie fand fünf Delfine, einen Walhai und einen Hammerhai. Auf die fünf Delfine schrieb sie „Freunde“, auf den Walhai „Freund“ und ein Herzchen und auf den Hammerhai schrieb sie „Fiesling“. Aber sie wollte unbedingt wissen, ob ein Walhai ein Hai oder ein Wal ist.

Sie schwamm schnell in das Zimmer von ihrem Bruder und fragte ihn. Und die Antwort auf die Frage kam, er erzählte: „Ein Walhai ist ein Hai, er atmet durch Kiemen. Wale müssen auftauchen, um Luft zu holen. Er wird nur Walhai genannt, weil er die Größe eines Wales hat, er frisst aber auch nichts Großes, ganz harmlos ist er.“ Nele bedankte sich bei ihrem Bruder und schwamm zurück in ihr Zimmer. Allerdings war sie so erschöpft, dass sie sofort einschlief.

Na ja, das war das Abenteuer von Nele. Sie träumte danach immer wieder davon. Und erlebte auch noch vieles mit Marakao, doch so spannend wurde keines ihrer Abenteuer mehr.

Der Tag, an dem in der Schule nichts mehr herunterfiel!

von Annika Zwißler

Eines Tages ging Laura in die Schule. In der ersten Stunde hatten sie Sport. Die Lehrerin gab den Kindern Bälle.

Laura warf einen Ball hoch. Sie staunte nicht schlecht, als der Ball nicht mehr herunterkam. Sofort holte Laura die Lehrerin. Ein anderes Kind, das es auch gesehen hatte, hat vorgeschlagen, dass sie auf die Tribüne gehen. Der Ball war nämlich ungefähr einen Meter von dem Geländer entfernt.

Alle liefen auf die Tribüne, aber es ging nicht.
Laura, die den Ball hochgeworfen hatte, hatte noch eine Idee.
Sie könnten ja mit dem Trampolin den Ball herunterholen.
Laura, die es als Erste probierte, kam einfach auch nicht mehr herunter.

Als die Kinder es sahen, sagten sie: „Wir wollen auch schweben!"
Da hüpften sie auf dem Trampolin und blieben tatsächlich in der Luft.
Die Lehrerin war verzweifelt. Sie wusste nicht, was sie machen sollte.

Die Kinder fanden es schön zu schweben.
Wenn sie Schwimmbewegungen machten,
kamen sie vorwärts.

Die Sportstunde war zu Ende und die Lehrerin versuchte die Kinder herunterzuholen. Aber sie schaffte es nicht. Da wurde sie ärgerlich und stampft mit dem Fuß auf. Und da sanken die Kinder hinunter. Die Lehrerin war erleichtert und sie machten die Schule ganz normal zu Ende.

Hallo ich bin Annika und 8 Jahre alt. ich habe Euch eine kleine Geschichte geschrieben (die habe ich mir selbst ausgedacht) Hoffentlich gefällt sie Euch!

Die Detektive

von Jannis Heldmaier

Eines Tages gingen die Brüder Ben und Paul spazieren. Sie gingen am Haus ihres Freundes Patric vorbei.

Patric spielte im Garten. Die beiden riefen: „Kommst du mit auf den Spielplatz?“ Patric rief: „Ja!“

Sie gingen einen Berg hinauf und waren an der Rutsche. Aber Patric traute sich nicht, sie hinunterzurutschen. Da sagte Paul: „Ich rutsche als erster und fange dich auf.“ So machten sie es und am Ende traute Patric sich alleine. Dann spielten sie Ball. Plötzlich warf Paul den Ball zu hoch und er landete auf dem Kopf von einem Mann, der vorbei rannte.

Als er die Freunde sah, fragte er, ob sie nicht einen Mann mit Pistole gesehen haben. Als sie „Nein“ sagten, rannte plötzlich ein Mann mit Strumpfmaske und Pistole vorbei.

Der Mann sagte: „Das ist der berüchtigte Manuel von den Blackbrüdern.“ Kaum hatte er das gesagt, rannte er hinterher. Da sagte Ben: „Los!“, und sie rannten hinterher.

Er stand an einer Wegkreuzung. Als er sie sah, sagte er: „Ich habe Manuel nicht erwischt.“ Doch da sahen sie einen Zettel, der an einem Baum hing. Sofort kletterte Paul auf den Baum und gab den Zettel dem Mann. Der Mann las ihn vor. Auf dem Zettel stand:
„Treffe dich morgen um 15.39 Uhr. Manuel.“

Da sagte Paul: „Dreh den Zettel mal um.“ Auf der anderen Seite stand:
„PS: Wir treffen uns am Hinterhof von Lukas Kompatzki.“

Patric sagte: „Den kenn ich. Das ist mein Onkel.“
„Gut. Dann darf es nicht zu schwer sein“, sagte der Mann.
„Wie heißen Sie denn?“, fragte Ben. „Ich bin der Detektiv Tobi.“

„Und noch eine Frage“, sagte Paul „warum darf es nicht zu schwer sein?“
Da sagte Tobi: „Ich habe einen Plan. Wir gehen moren um 15.39 Uhr an den Hinterhof von Lukas Kompatzki. Ähm, wie heißt ihr denn?“ Paul, Ben und Patric sagten ihre Namen.

„Gut“, sagte Tobi, „dann gehst du, Patric, zu deinem Onkel und fragst, ob wir an seinem Hinterhof etwas umbauen können.“ „Was denn?“, fragte Ben. „Ich denke, wir können eine Falltüre anbringen“, sagte Tobi.
„Wenn Manuel kommt und seinen Komplizen Tomm trifft, fangen wir sogar zwei Banditen.“ „Ich gehe sofort los!“, sagte Patric. Etwas später kommt Patric angerannt und ruft: „Ja! Er hat es erlaubt.“ „Gut“, sagte Tobi, dann werden wir die Falltüre bauen.“

Etwas später waren sie fertig und schauten sich die Falle an.
Dann sagte Tobi: „Jetzt geht ihr nach Hause und morgen kommt ihr um 15.15 Uhr wieder hierher!“

Am nächsten Tag kommen Paul, Ben und Patric wieder in den Hinterhof. Dort ist schon der Detektiv Tobi und zwei Polizeiautos. „Warum zwei Polizeiautos?“, fragte Patric. „Ich habe der Polizei gesagt, dass wir eine Spur haben. Und ich habe erfahren, dass die Blackbrüder sehr gefährlich sind. Deshalb bekommt derjenige, der sie fängt 1600 Euro. Oh, mir fällt auf, es ist schon 15.35 Uhr. Am besten verstecken wir uns. Kommt!“

Sie versteckten sich in einer Ecke. Plötzlich kommt ein Mann auf den Hinterhof. „Das ist Tomm“, flüstert Tobi. Tomm läuft auf die Stelle zu, wo sich die Falltüre befindet. Und auf einmal macht es „Plumps“ und Tomm sitzt in der Falle. Sofort kommen zwei Polizisten und sperren ihn ein. Sobald sie wieder versteckt sind, kommt Manuel auf den Hinterhof. Er lehnt sich gegen die Mauer und wartet. Als nach fünf Minuten nichts passiert, geht er wieder zum Eingang. Da flüstert Ben: „Los! Hinterher!“

Gerade will er aus der Ecke rennen, da sagt Tobi: „Nein! Wir haben nicht nur an der Falltüre Wachen, sondern auch am Ausgang.“

Plötzlich stürzen sich vier Polizisten auf Manuel. Sie legen ihm Handschellen an und sperren ihn in ein Polizeiauto. Dann fahren sie ihn ins Gefängnis. Und Tobi, Paul, Ben und Patric bekommen die 1600 Euro. Tobi sagt: „Jetzt wird geteilt. 400 Euro für jeden. Wenn es noch einen Fall gibt, sage ich euch Bescheid. Ciao!“

„Was sollen wir jetzt mit dem Geld machen?“, fragt Ben.
„Wir kaufen uns eine Detektivausrüstung.“, sagt Paul.
Das machen sie auch und alle sind zufrieden.

Hallo, ich heiße Jannis, bin 8 Jahre alt und gehe in die 3. Klasse. Mein Lieblingsfach ist Heimat- und Sachkunde, Meine Hobbys sind Fußball spielen und lesen. ich denke mir gerne Geschichten aus, schreibe sie aber selten auf. Das ist meine erste aufgeschriebene Geschichte. Diese Geschichte habe ich meinen Eltern, Großeltern und Tanten zu Weihnachten geschenkt.

Die zerbrochene Vase

von Maria Endres

Jasmins Mutter ging einkaufen. „Mach bitte deine Hausaufgaben, während ich weg bin“, rief sie noch an der Haustür.
Jasmin setzte sich an ihren Schreibtisch und holte ihr Englischheft aus dem Ranzen. Als sie beim dritten Satz angelangt war, hopste etwas auf ihren Schreibtisch.

Es war ihre Katze Anna. Jasmin scheuchte Anna weg, aber die Katze kam immer wieder. Als Jasmin einmal kurz beim Schrank war und die Sachen wieder zusammenlegte, die Anna durcheinander gebracht hatte, schnappte sie sich Jasmins Englischheft und rannte, es an der Seite hinter sich herziehend, aus dem Zimmer.

Jasmin schrie auf und stürzte hinterher. „Gib sofort mein Heft her!“, rief sie wütend. Sie verfolgte die Katze durch die ganze Wohnung.

Im Wohnzimmer sprang Anna dann auf einen Schrank. Jasmin wollte sie wieder herunterholen, aber sie reichte nicht bis nach oben.

„Du blödes Katzenvieh!“, brüllte sie. Jasmin schnappte sich einen Stock und stocherte damit auf dem Schrank herum. Aber die Katze sprang herunter und Jasmin jagte ihr hinterher. Plötzlich ließ Anna das Heft los und blieb stehen.

Jasmin stolperte über sie und stieß mit dem Fuß die große Vase um, die auf dem Boden stand. Es klirrte, und Jasmin sprang auf. Anna flüchtete sich auf das Sofa.

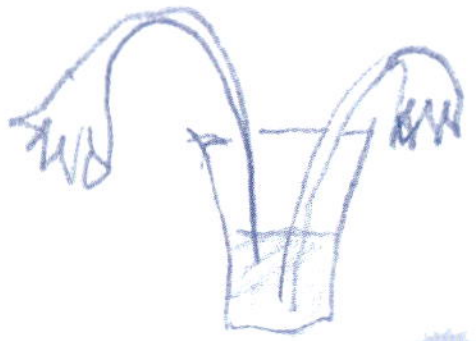

Jasmin bekam Angst. Es war die schöne Vase, die Lieblingsvase ihrer Mutter. „Wie arg wird Mama schimpfen?“, fragte sie sich. Sie hoffte, ihre Mutter würde nicht zu bald zurückkommen.

Wenn sie die Scherben aufwischte und die Blumen wegschmiss, würde ihre Mutter es vielleicht gar nicht so schnell merken, hoffe Jasmin. Jasmin fing an, die Scherben aufzukehren und bemerkte einen kleinen blauen See.

„Woher kommt der denn?“ wunderte sie sich und dann sah sie die Bescherung. Ihr Englischheft lag aufgeweicht da und die Schrift war verschmiert. „Autsch“, rief Jasmin. Sie hatte eine Scherbe in den Finger gekriegt. Jetzt begann sie zu weinen.
Da hörte sie den Schlüssel im Schloss, und sie bekam noch mehr Angst. Sie wartete und ihre Mutter kam ins Wohnzimmer. „Ja, was ist denn hier passiert?“, rief sie. Dann entdeckte sie Jasmin.

Als sie sah, dass Jasmin weinte kam sie her und bemerkte das Blut. „Oh ja Jasmin, was hast du denn da gemacht?“, fragte sie. Mama verarztete Jasmin und die erzählte ihr, was passiert war. „Das macht doch nichts, das ist doch gar nicht schlimm“, tröstete Jasmins Mutter.

„Ich schreibe deinem Englischlehrer einen Brief!“ erklärte sie. „Dann schimpft er nicht.“ Sie setzte sich an den Schreibtisch. „So und jetzt machst du deine Hausaufgaben!“ „Ja, Mama“, antwortete Jasmin und ging in ihr Zimmer. Sie machte die Tür hinter sich zu und vergewisserte sich, dass die Katze nicht drin war. Schließlich wollte sie nicht, dass das noch mal passierte.

Jana

von Julia Gürster

Jana ist ein Mädchen wie jedes andere.
9 Jahre alt, schwarze Haare, wohnt in Nürnberg.
Leider hat sie keine Geschwister.

Aber nun kommt die Geschichte:
An einem warmen Julimorgen macht sich Jana auf den Weg zur Schule. Als sie an der Ampel steht, biegt Alex in die Straße ein. Fröhlich ruft er: „Morgen, Jana!“ Jana grinst. Alex ist in Jana verliebt. Das ist der ganzen Klasse 4 b bekannt. Davon, dass Jana ihn auch mag, weiß niemand. Nicht einmal Lilli, Janas beste Freundin.

Endlich steht sie vor ihrer Klassentür. Schnell geht sie auf ihren Platz neben Lilli. Tina läuft auf Jana zu, aber da kommt auch schon Frau Bernd, die Lehrerin, herein. Der Mathematikunterricht lief gemütlich ab, wie immer, aber nicht für Dora. Sie hatte eine Vier in der Probe. Jana eine Zwei. Es gongt zur Pause.

Alle stürmen hinaus. Auch Jana. Die Pause war im Nu aus. Als Jana ins Zimmer lief, saß Lilli am Tisch und malte ein Bild.

Dora unterhielt sich mit Tina über die Noten und die Jungs stritten, wer wohl der allerbeste Fußballer der Welt sei.

Jana griff unter ihre Bank, um das Lesebuch zu holen, fand aber das:

> Liebe Jana,
> ich mag dich sehr. Du mich auch?
> Wenn du wissen willst, wer ich bin,
> dann komm nach der Schule zum
> Goetheplatz.
>
> Dein X

Jana staunt: „Wer mir den wohl geschrieben hat?“ Nach der Schule lief sie zum Goetheplatz, um X kennen zu lernen. Doch war weit und breit nichts zu sehen. Oder doch?

Sie suchte alles ab, bis aus einem Busch Alex sprang. „Hast du mir den Brief geschrieben?“, fragte Jana. Alex wurde rot. Er murmelte: „Ja. Wer denn sonst?“ Jana lacht und sagt: „Ich mag dich auch, aber nicht weitersagen.“

Alex nickt. Und dann fragt er: „Echt?“ „Worauf du dich verlassen kannst!“ antwortete Jana und geht heim. Als sie daheim ankommt, ist Lilli gekommen und alles war wieder gut.

Eine MiTmaCh-GEschiChte

von Pauline Stöckler

Vor langer Zeit lebte einmal in einem Schloss, weit entfernt von hier, der König Krax. Der König Krax hatte 3 Kinder.

Seine erste Tochter, das war die dicke Tochter Blub.
(pantomimisch großen Bauch darstellen)

Seine zweite Tochter, das war die dünne Tochter Ssst.
(pantomimisch ganz, ganz dünne Person (wie Strich) darstellen)

Seine dritte, das war die wunderschöne Königstochter. *(Handkuss geben)*

Eines Tages kam ein junger Königssohn angeritten.
(mit Schnalzlauten und Bewegungen Pferdeschritte andeuten)
Er sah die wunderschöne Königstochter und verliebte sich sogleich in sie.
(Handkuss)

Er ging zum König Krax und bat ihn um ihre Hand.

Doch der König Krax verneinte und sprach:
„Bevor nicht meine dicke Tochter Blub verheiratet ist
(Blub zeigen- dicker Bauch)
und meine dünne Tochter Ssst, *(Strich zeigen)*
darf meine wunderschöne Königstochter *(Handkuss)* nicht heiraten.

Traurig ritt der Königssohn wieder nach Hause.
(Pferdegalopp nachahmen - ganz langsam)

Doch in dieser Nacht konnte er kein Auge schließen und musste immer wieder an die Königstochter denken. *(Handkuss)*

Und so beschloss er noch in der selben Nacht zum Schloss zurückzureiten. *(leise Pferdegalopp imitieren)*

Im Schloss war ein Fenster geöffnet, er schlich hindurch und öffnete die erste Tür. *(Türenquietschen imitieren)*

Doch da lag der König Krax und schnarchte. *(Schnarchtöne)*
Leise schloss er wieder die Tür.

Hinter der zweiten Tür verbarg sich das Schlafgemach einer Prinzessin. Doch im Bett lag die dicke Tochter Blub.
(Blub darstellen)

Er schlich zu einer weiteren Türe.
Doch da lag die dünne Tochter Ssst. *(Ssst darstellen)*
Wieder schlich er leise aus dem Zimmer.

Im letzten Zimmer lag die wunderschöne Königstochter. *(Handkuss)*

Gemeinsam schlichen sie aus dem Schloss. Sie stiegen auf sein Pferd und ritten davon. Zuerst ganz leise, damit niemand aufwachte, dann immer schneller.
(Pferdegalopp erst leise – dann immer lauter werden)

Und gemeinsam lebten sie auf seinem Schloss.
Und wenn sie nicht gestorben sind ...

– ENDE –

Die HeXe Fiseline

von Ina Forchthammer

Die liebe Hexe Fiseline erzählt: „Der Rabe Schabernax klopfte eines Morgens an mein Küchenfenster. Ich öffnete es.

„Huch“, sagte Schabernax. „Bei dir ist es aber ordentlich. Ich glaube, du bist gar keine richtige Hexe.“ Meine Stube glänzte, alles war frisch poliert, sogar der Hexenkessel.

„Bitte, putz dir die Füße ab“, sagte ich freundlich. Schabernax flatterte auf das weiße Tischtuch und wischte sich seine dreckigen Krallen ab. „Böse sein macht Spass!“, krächzte er. „Hör auf“, sagte ich.

Doch Schabernax flog aufs Küchenbord und warf absichtlich ein Glas Stechapfelmarmelade um. Scherben und Matsche spritzten durch die Stube. „Hör endlich auf“, sagte ich. „Bitte!“

„Fang mich doch“, rief der Rabe und schmiss den Tollkirschenlikör um. „Jetzt reicht’s“, rief ich. „Scher dich zum Teufel!“

Schabernax kreischte vor Vergnügen. Da flippte ich aus: Ich warf mit allem, was mir zwischen die Finger kam. „Nicht getroffen, Schnaps gesoffen“, lachte Schabernax übermütig.

Ich schleuderte den Hexenkessel und – Peng – hatte ich den Raben gefangen. „Bist du nun zufrieden?“ „Ja“, krächzte Schabernax und lugte unter dem Kessel hervor. „Endlich sieht’s bei dir aus wie bei einer richtigen Hexe.
Sag, darf ich dein Rabe sein?“

Die GEiSTERjäger – Vilerius Street 13

von Lea Knoff

Im Geisterjägerbüro „Geist im Käfig“ klingelte das Telefon. Andy und Emelie, die berüchtigten Geisterjäger, stöhnten. Andy sagte: „Das ist jetzt schon der fünfte Anruf heute!“

Doch als sie es 15-mal klingeln ließen und der Anrufer immer noch nicht aufgegeben hatte, sagte Emelie stöhnend: „Kein normales Wesen lässt so lange klingeln. Das kann nur das Monster sein.“

Das Monster ist Emelies und Andys Chefin. Und das Monster ist im wahrsten Sinne des Wortes ein Monster. Es hat blaues, struppiges Monsterfell und fünf Paar Augen. Genau drei Paar sitzen im Gesicht. Die beiden anderen befinden sich auf dem Bauch. Es hat auch zwei Paar Ohren. Eins sitzt im Gesicht, das andere auf dem Bauch.

Noch einmal die Augen verdrehend, nahm Andy ab und sagte: „Hallo! Geisterjägerbüro ‘Geist im Käfig’ am Apparat!“ Aus dem Hörer klang eine Stimme, die einem wie Schmirgelpapier über die Haut fuhr.

„Sag mal, wo habt ihr denn überhaupt eure Ohren?“, fragte das Monster. „Natürlich am Kopf, was man von dir ja nicht gerade behaupten kann!“, gab Andy gereizt zurück. „Noch eine von diesen Frechheiten und du wirst entlassen!“, knurrte das Monster am anderen Ende des Hörers.

Emelie riss Andy das Telefon aus der Hand und sagte mit zuckersüßer Stimme: „Hallo Monster. Beruhige dich doch. Was wolltest du uns denn sagen?“ Andy schnitt Emelie eine Grimasse und Emelie streckte ihm die Zunge raus.

„Also“, begann das Monster und auf einmal roch es wieder gewaltig nach Abenteuer. „Ein Freund von mir – um die Frage vorweg zu nehmen – er ist ein Mensch – hat sich ein schottisches Schloss gekauft und will dort einziehen. Nur, da gibt es ein kleines Problem. Es spukt!“ „Und du hast ihm natürlich gesagt, dass wir die Geister fangen können“, sagte Emelie. „Natürlich, was denkst du denn, du Erbsenhirn?“, antwortete das unfreundliche Wesen.

Emelie war vor Empörung sprachlos und hielt Andy den Hörer hin. Andy nahm ihn entgegen und sagte: „Um was für eine Art Gespenst handelt es sich denn?“

Nun, das ist gerade das Knifflige an der Sache“, sagt das Monster nachdenklich. „Um genau zu sein, es sind fünf. Ein Poltergeist, ein Wikinger, ein uralter Mann, ein Wassergeist und zu guter letzt ein Höllenhund“. „Das ist in der Tat knifflig“, sagte Andy.

„Also, ich schicke euch die Adresse rüber. Ich zähl auf euch!“, und ohne sich zu verabschieden, knallte das Monster den Hörer auf.

„Das sollten wir mal machen“, murmelte Emelie immer noch sauer. Es dauerte keine fünf Minuten und ein merkwürdiges Geräusch war zu hören.

Wie der Blitz öffnete Andy das Fenster, was keine Sekunde zu früh war. Denn da schoss auch schon ein rotes Etwas durch das Fenster. Müde blieb es auf Emelies Schreibtisch liegen.

Es war ein verhexter Briefumschlag. Ohne Mitleid ritzte Andy den roten Briefumschlag auf. Er faltete das Papier auseinander und las:
„Hier die versprochene Adresse: Georg Gieswein, Vilerius Street 13, London. Das Monster."
Es war ein ziemlich kurzer Brief, aber er traf den Kern der Sache.
„Nummer 13 – die Unglückszahl", rief Emelie aufgeregt.
„Mach dir nicht gleich in die Hose!", antwortete Andy darauf genervt.

Fünfzehn Minuten später fuhren sie an dem dreckigen Straßenschild der Vilerius Street vorbei. Die Häuser eins bis zwölf waren mehr oder weniger verfallen. Die Nummer eins hatte kein Dach mehr, bei der Nummer zwei fehlten die Fenster und wo Nummer drei stehen sollte, waren nur noch Trümmer. Nummer vier war so eingefallen, dass man sich gar nicht hinein trauen wollte. So ging es immer weiter bis zur Nummer 13.

Dieses schöne schottische Schloss passte gar nicht in diese Straße. Andy und Emelie wunderten sich, warum die Geister ausgerechnet dieses Schloss ausgewählt hatten. Warum waren sie nicht in eine dieser halb verfallenen Ruinen gezogen und warum stand so ein Schloss in solch einer Gegend?

Sie stiegen aus und gingen auf das Schloss zu. Es gab keine Klingel, nur einen alten Türklopfer. Andy pochte fünfmal gegen die Tür. Wieso fünfmal? Na ja, fünf ist die Zahl, die Gespenster am wenigsten mögen.
Jetzt hörten sie, wie die Tür aufgeschlossen wurde.

Ein glatzköpfiger, dicker Mann stand in der Tür. „Guten Tag, guten Tag, kommen sie schnell rein! Sie müssen die Gespensterjäger sein. Ich bin ja so froh, dass sie gekommen sind. Ich habe keine ruhige Minute mehr in diesem Schloss!", sagte er aufgeregt. „Wieso verkaufen Sie es dann nicht?", fragte Andy, der sich diese Frage nicht verkneifen konnte. „Ja, diese Frage habe ich mir auch schon gestellt. Aber wissen Sie, ich hänge sehr an diesem Schloss. Ich hänge an ihm", sagte er.

Geisterjäger
vilerius
Street
13
5

Er wurde von einem schrecklichen Geistergekicher unterbrochen.
Ohne nur ein bisschen zusammenzufahren, sagte Emelie: „Unsere Chefin sagte, sie seien befreundet?" „Befreundet?" Herr Gieswein rümpfte die Nase. „Na ja, sagen wir, wir sind Bekannte", selbst das Wort Bekannte konnte er nur mit größter Mühe und Höflichkeit über die Lippen bringen.

Emelie sagte: „Nun. Am besten fangen wir gleich an. Andy, ich glaube, wir haben alles Notwendige für die Geister?" Andy nickte. „Sehr schön, sehr schön. Ihre Zimmer sind im Obergeschoss. Ich hoffe, das ist ihnen recht", sagte Herr Gieswein.

In ihrem Zimmer ließ sich Andy erst einmal über Georg Gieswein aus: „Ich hasse diesen Typen schon jetzt! Ich hänge an diesem Schloss. Hast du gesehen, wie der Typ bei diesem Gekicher geguckt hat. Als würde er gleich in Ohnmacht fallen. Oh, da ist mir das Monster ja noch lieber!"

Doch Emelie hörte gar nicht zu. Sie zeigte nur auf eine Stelle und wurde blass. Ein schick gekleideter Wikinger erschien auf einmal und war in der nächsten Sekunde verschwunden.

„Na, das sah mir aber nicht nach einem gefährlichen Geist aus", sagte Andy belustigt. „Komisch, irgendetwas ist hier oberfaul", sagte Emelie nachdenklich.

Der Rest des Nachmittags verlief recht ruhig. Andy und Emelie bauten ihre Geisterfallen auf. Insgesamt waren es fünfzehn.

Kurz vor dem Abendessen passierte etwas Merkwürdiges, dass Andy & Co sich nicht erklären konnten. Herr Gieswein verabschiedete sich. Er sagte: „Es tut mir aufrichtig leid, aber ich muss zwei bis drei Tage geschäftlich fort. Mein Diener Dagobert wird sich um alles kümmern. Sein Zimmer ist im Mittelflügel. Der Westflügel ist für sie tabu“. „Verstanden!“, sagte Emelie.

„Was sind sie eigentlich von Beruf, Herr Gieswein?“, wollte Andy wissen. „Das geht sie gar nichts an, junger Mann!“, antwortete Herr Gieswein barsch. „Ach ja! Sie wollen bestimmt wissen, wo die Geister wohnen. Sie finden sie im fünften Stock. So in zwei bis drei Tagen bin ich wieder zurück und dann möchte ich, dass die Geister im Käfig sitzen. Hahaha!“, lachte Herr Gieswein und verschwand.

Andy schnaubte: „Junger Mann! Pah. Schließlich bin ich schon volljährig und du erst siebzehn!“, sagte er zu Emelie. „Ja, ja, ich weiß. Was denkst du? Sollten wir uns nach dem Abendessen einmal den fünften Stock genauer ansehen?“, fragte Emelie. Andy nickte und fragte magenknurrend: „Was gibt es überhaupt zu futtern? Ich habe einen riesigen Kohldampf!“ – „Ich glaube Steak mit Salat und Brot“, entgegnete Emelie. „Mmhh! Lecker!“

Nach dem Abendessen (es war übrigens köstlich) gingen Andy und Emelie in den fünften Stock und hatten so ihre Vorstellungen, was sie erwartete.

Knarrende Dielen, fingerdicker Staub auf dem Boden und überall Spinnweben. Aber im Gegenteil. Es war alles ordentlich und sauber. Andy und Emelie tauschten verwunderte Blicke aus.

Andy öffnete vorsichtig eine der vielen Türen, aber erst bei der letzten Tür hatte er Glück. In dem Zimmer, in das die beiden hineinblickten, saßen alle Geister beisammen. Die beiden griffen schon nach ihren Geisterjägerwaffen, als einer der Geister rief: „Halt, nicht schießen! Wir tun euch nichts! Ihr müsst die Gespensterjäger sein. Setzt euch doch!“

Zögernd nahmen Andy und Emelie Platz. Der Geist des alten Mannes sprach zuerst: „Wie Erik, der Wikinger gehört hat, ist der Gieswein weg?“
Emelie nickte. Daraufhin meldete sich der Wassergeist zu Wort: „Das ist gut. Wir müssen euch nämlich etwas erzählen.“ „Genau“, quiekte der Poltergeist (der Poltergeist war ein Mädchen von etwa 5 Jahren).

Erik, der Wikinger, fuhr fort: „Eigentlich müsstet ihr Georg Gieswein fangen und nicht uns. Was meint ihr, warum ist er kurzfristig weggefahren und verheimlicht euch seinen Beruf?“ Andy und Emelie dachten nach, aber weil sie nach kurzer Zeit immer noch nichts sagten, rief Erik in die Stille hinein: „Er ist ein Dieb!“

Für ein paar Sekunden war es still, dann fragte Emelie ungläubig: „Er ist ein Dieb?“
Doch Andy unterbrach sie: „Ist doch klar. Er will das Schloss nicht verkaufen, weil er es gestohlen hat. Er sagt uns seinen Beruf nicht, weil sonst alles aufgeflogen wäre.

Und er musste weg, weil er einen neuen Auftrag hatte!“ „Na, besonders helle scheint dieser Gieswein ja nicht zu sein, sonst hätte er sich doch schnell einen Beruf ausdenken können“, entgegnete Emelie.

Na klar!“ Andy klatschte sich mit der Hand gegen die Stirn. „Jetzt weiß ich auch, warum mir das Schloss so bekannt vorkam. Es ist das berühmte schottische Schloss, das vor ein paar Tagen gestohlen wurde. Man muss es über Nacht abgebaut und hier wieder aufgestellt haben. Ziemlich clever. Denn wer sucht schon in einer solchen Gegend nach einem Schloss. Aber wenn das wirklich das besagte Schloss ist, dann müsst ihr ja die berühmten Geister sein, von denen man las!“

„Ganz genau. Wir sind Sir Nicolas (der Geist des alten Mannes), Erik von Flake (der Wikinger), Lili Pfau (der kleine Poltergeist), Grimm von Fahnenspeck (der Höllenhund) und ich Spinata Viktoria Sunny (der Wassergeist)!“

Emelie staunte und fragte unsicher: „Das ist ja alles schön und gut. Aber woher wollen wir wissen, ob das Ganze überhaupt stimmt und wenn, was sollen wir Ihrer Meinung nach jetzt tun?“

„Dass Georg Gieswein ein Dieb ist, können wir beweisen. Aber dass wir die berühmten Geister sind, nicht. Ihr müsst uns vertrauen. Was ihr jetzt tun sollt, ist Folgendes: Nehmt einen gestohlenen Diamanten mit zur Polizei.

Zu Dagobert sagt ihr, dass ihr noch etwas für die Geisterjagd benötigt. Wenn ihr bei der Polizei seid, steckt ihr einen Brief mit dem Diebesgut in den Briefkasten der Wache mit dem Hinweis, dass ihr wisst, wer für die Einbrüche in der letzten Zeit verantwortlich ist.

Die Polizisten werden eurem Auto folgen, da sie das gestohlene Gut erkennen werden. In der Zwischenzeit werden wir uns um Dagobert kümmern. Wir fesseln ihn, damit er nicht flieht, wenn er die Sirenen hört. Seid ihr mit der Polizei am Schloss angekommen, so werden diese glauben, dass ihr auch das Schloss gestohlen habt und euch verhaften.

Wir werden der Polizei aber erklären, wer der richtige Dieb ist und schon seid ihr wieder frei. Der Plan ist idiotensicher!“, erklärte Sir Nicolas den sprachlosen Geisterjägern. Andy und Emelie sahen sich an:
„Okay, wir machen es. Aber zeigt uns erst die gestohlenen Sachen“, sagte Andy entschlossen.

Eine halbe Stunde später saßen Andy und Emelie in ihrem Auto und warteten vor dem Polizeirevier auf die Polizisten, die ihnen nachfahren sollten. Dann begann die wilde Verfolgungsjagd. Der Plan funktionierte perfekt, obwohl Andy ziemlich auf die Tube drücken musste.

Als sie am Schloss ankamen, wurden sie in einen Polizeiwagen geschubst. Andy und Emelie tauschten nervöse Blicke aus. Auf dem Polizeirevier angekommen, wurden sie in eine der grauen Zellen gesperrt.

Nach zwei Stunden verließ Andy und Emelie der Mut und Emelie sagte mit tränenunterdrückter Stimme: „Vielleicht haben sie es ja doch nicht geschafft und wir sitzen hier jetzt viele Jahre!“ Doch in diesem Moment kam Erik der Wikinger mit einem Polizisten und schloss die Zellentür auf.

Erik, du hast es also doch geschafft!", rief Emelie glücklich. Andy sagte froh: „Mann, Erik! Ich dachte schon, wir müssen hier drinnen versauern." „Das hätten wir doch niemals zugelassen", erwiderte Erik lachend.

Der nächste Tag war ein eher trauriger Tag, denn da hieß es Abschied nehmen. Andy und Emelie kraulten Grimm zum Abschied und die restlichen Geister versprachen, Emelie und Andy regelmäßig zu besuchen.

Da die Geister sehr gut erzogen und höflich waren, baten sie die Geisterjäger, Georg Gieswein und Dagobert einmal im Monat im Gefängnis zu besuchen. „Grüßt Schottland von uns!", riefen Andy und Emelie und dann flogen die Geister los.

Den Tag darauf waren Andy und Emelie wieder im Büro. Andy las Emelie gerade aus der Tageszeitung vor, in der in großen Buchstaben stand: „Geisterjägerbüro wieder erfolgreich. Heute kein Geist im Käfig, sondern der gefährliche Dieb Georg Gieswein gefasst." Andy und Emelie lachten.

Auf einmal hörten sie ein bekanntes Surren. Emelie öffnete blitzartig das Fenster und ließ den Brief herein, auf dem stand:
Sehr gute Arbeit, ihr zwei. Ich bin stolz auf euch. Euer Monster.

Das war das Freundlichste, was sie jemals von ihrer Chefin gehört haben.

Max bekommt eine Brille

von Hannah Rachel Erb

Heute geht Max mit seiner Mama zum Augenarzt.
Max' Lehrerin hat gesagt, dass Max immer viele Fehler beim Abschreiben von der Tafel hat. Max hat ein bisschen Angst. Jetzt sind sie da.

Mama sagt: „Das hier ist Max Gothic, wir haben um drei Uhr einen Termin in der Sehschule und zum Tropfen." „Aha! Sie können noch ein wenig im Wartezimmer Platznehmen!", sagt die Frau. Sie gehen ins Wartezimmer.

Max liest ein Buch, in dem ein Junge eine Brille bekommt und in der Schule ausgelacht wird. Er denkt nach: Tom und Paul haben auch eine Brille und werden nicht ausgelacht! Plötzlich ruft jemand: „Max Gothic!" Max und Mama stehen auf. Sie gehen in ein Zimmer. Die Frau stellt sich vor:
„Ich bin Frau Janssen. Ich mache jetzt mit dir die Sehschule!"
„Ist das Schreiben mit den Augen?", fragt Max. Frau Janssen lacht.

Sie setzt Max eine Brille mit grünen Gläsern auf und schaltet ein Licht ein und fragt Max: „Wie viele Strahlen siehst du?" „Vier!", sagt Max. Frau Janssen nimmt Max die Brille wieder ab und holt die Augenklappe. Max muss sie aufsetzen. Jetzt schaltet sie wieder etwas ein. Es sind komische E's. Die Beine stehen nach allen Seiten ab.

„Du musst mir jetzt sagen, ob die Beine nach rechts, links, oben oder unten zeigen", sagt Frau Janssen. Das fällt Max schwer. Jetzt gehen Mama und Max wieder ins Wartezimmer. Gleich darauf kommt Frau Janssen mit einer Mini-Flasche. Darin sind Tropfen. Max muss stillhalten und Frau Janssen tröpfelt ihm die Tropfen in die Augen. Max sieht ein bisschen verschwommen. Dann kommt Frau Janssen noch zweimal mit Tropfen.

Jetzt muss Max mit zu Dr. Markus gehen. In seinem Zimmer steht ein Apparat, in den Max reinschauen muss. „Was siehst du?", fragt Dr. Markus. „Ein Segelschiff!", sagt Max.

Es steht fest: Max braucht eine Brille. Er ist kurzsichtig. Am nächsten Tag fährt Papa mit ihm zum Optiker. Papa sagt: „Wir brauchen eine Brille für Max!“ Der Mann führt Max und Papa zu den Kinderbrillen.

Gleich greift Max nach einer. Es ist eine blaue Brille mit Tigerenten drauf. Er sagt: „Die möchte ich haben!“ Er muss sie aufsetzen und der Optiker schaut, ob sie passt. Dann sagt er: „Zu klein, aber wir haben das gleiche Modell größer noch in grün und rot da.“ Er zeigt sie Max.

Max gefällt die rote. Der Optiker schaut wieder nach, aber diesmal passt sie. Es ist eine Janosch-Brille. Der Optiker sagt, in einer Woche sollen sie die Brille abholen.

Heute holen Mama und Max die Brille ab. Mama gefällt sie auch. Mama bezahlt und dann gehen Max und sie noch Kuchen essen.

Am nächsten Tag in der Schule lacht ihn niemand aus. In den Pausen ist Max jetzt nur noch mit Tom und Paul zusammen. Und im Abschreiben von der Tafel hat er jetzt immer eine eins!

ich heiße Hannah Erb und bin 10 Jahre alt. ich lese gerne und schreibe auch unheimlich gerne Geschichten. Da ich selbst eine Brille habe, kam mir die idee, mal aufzuschreiben, wie das alles zugeht, wenn man eine Brille bekommt. ich will mit meiner Geschichte allen Kindern Mut machen, die eine Brille bekommen oder schon eine haben. ich hoffe, meine Geschichte gefällt Euch.

Eine Reise ins Mittelalter

von Josefine Richter

Simon wachte von einem lauten Krachen auf. Er setzte sich auf. „Wer – wer ist da?“, fragte er unsicher. „Plor“ machte es. Doch sehen konnte er nichts. Eine graue Gestalt stand nun da. Schnell legte Simon sich wieder hin. „Haaaallooo! Ist das jemand?“, fragte die Gestalt. „I-ich“, stotterte Simon. Die Gestalt guckte sich um. „Wer?“, fragte sie. Simon setzte sich auf, er hatte keine Angst mehr. „Ich“, sagte Simon wieder. Nun guckte die Gestalt erst zu Simon.

Sie musterte Simon genau und stellte fest: „Oh! Oh! Oh, ich bin in der Zukunft gelandet. Dieses dumme Schwert!“ „Bist du ein Pirat?“, fragte Simon. „Nee! Ich bin Ritter Rot! Und du? Wo lebst du? Bei den Bauern mit den Sicheln?“, fragte Ritter Rot. „Oh nein, diese Zeit ist vorbei. Ich lebe bei den Menschen mit den Autos!“, antwortete Simon.

„Heute ist ein Festtag bei uns. Willst du mit?“, fragte der Ritter. „Nein, das geht nicht. Ich habe morgen Schule!“, sagte Simon noch. Bei uns ist eine Stunde nur zwei Minuten“, grinste Ritter Rot. „Ja dann, dann komm ich mit“, sagte Simon aufgeregt. Er faltete die Decke und ging zu dem Ritter. Im selben Moment drehten sie sich und Simons blonde Haare wehten herum. „Plor“ machte es und schon waren sie im Mittelalter in einer Burg. Laute Musik hörte man, und Ritter gingen umher.

„Hallo Ritter Rot!“ hörte Simon eine Magd sagen. „Hallo Melissa!“, antwortete Ritter Rot. Eine Dienerin kam angelaufen und sagte: „Hallo Rot und Knappe!“ „Das ist nicht mein Knappe, sondern ein Junge aus der Zukunft!“, verbesserte Ritter Rot. „Oh, entschuldige Rot! Was wollt ihr denn essen?“, meinte die Dienerin. „Hab keinen Hunger“, murrte Simon. „Und du, Rot?“ „Nur ein Bier, Tulia!“, murmelte Ritter Rot. „Sofort Rot!“, rief die Dienerin auf der Küche.

Warum nennt sie dich immer Rot?“, fragte Simon. „Keine Ahnung“, antwortete Ritter Rot. Gerade kam ein Page mit einem Tablett, auf dem Bier stand, rein. „Bitte Ritter Rot!“, sagte er höflich. „Danke Florimund!“, antwortete Ritter Rot. „ Wie alt ist Florimund?“, fragte Simon. „Acht“, antwortete Ritter Rot und trank einen Schluck.

„Oh, ein Jahr jünger als ich!“ „Als wenn du schon neun bist...“, grinste Ritter Rot. Plötzlich stürmten Menschen in den Saal. Es wurde laut. „Beginnt das Fest?“, fragte Simon. „Ja! Aber du siehst in deiner Kleidung auffallend aus. Zieh mein Hemd an“, grummelte Ritter Rot und gab es Simon. „Und falls dich jemand anspricht, wie du heißt, dann sag deinen Nachnamen“, schlug Ritter Rot vor und nahm einen großen Schluck Bier.

Simon sah auf seine Uhr. „Oh, wir haben bei uns sechs Uhr morgens! Um sieben Uhr muss ich aufstehen!“, meinte Simon erschrocken. „Na dann, hier hast du ein Andenken.“ Er gab Simon einen Dolch. „Plor“ machte es und Simon war wieder in seinem Bett. Am nächsten Morgen dachte er, es wäre alles nur ein Traum. Doch er hatte den Dolch und so erinnerte sich Simon noch viele, viele Jahre an das Abenteuer.

Wenn die SONNE aufgeht

von Lena Pressler

Wenn die Sonne aufgeht, können sich Mamabär und Papabär einmal alleine ohne Kinder treffen.

Dann können die Löwen spazieren gehen.

Dann kann Biene Tom küssen.

Dann kann die Giraffe still stehen üben.

Dann kann Mamamaus mit Babymaus 1,
Babymaus 2 und Babymaus 3 spazieren gehen.

Dann können die Wildpferde, ohne gefangen zu werden, über die Wiese galoppieren.

Dann können die zwei Schlangen, Mama und Baby, schick essen gehen.

Dann kann Herr Dickbauch joggen.

Dann kann Papapfau ein Rad schlagen.

Dann kann Elli mit ihrer Mutter baden gehen

Und der große und kleine Elefant die Freunde besuchen.

Dann kann Tim sein neues Auto ausprobieren.

Dann kann Ali endlich die Oase erreichen.

Und wenn sie Sonne untergeht, ist sie froh, dass sie vielen Leuten eine Freude gemacht hat. Aber sie ist müde – sie will schlafen, damit sie morgen nicht verschläft. Gute Nacht!

Ein neues Zuhause für SOnnenwOlke

von Jennifer Schumann

Hallo, ich bin Sonnenwolke – ein wunderschöner Schmetterling und möchte euch erzählen, wie ich dieses schöne Häuschen und meine Freundinnen, Sonnenstrahl und Wölkchen, gewonnen habe. Es begann im Frühling 2006.

Ich war sehr erschöpft, weil mein altes Zuhause von Vögeln vernascht wurde. Ich konnte mich gerade noch retten, als ein riesiger Schnabel eines Vogels mein Häuschen aus Blättern und Baumrinde zerquetschte.

Seit dem bin ich Tage ohne Pause auf der Flucht. Als ich mich dann endlich auf einem Ast zur Ruhe setzte, fing mich die Müdigkeit. Zum Glück war ich nicht eingeschlafen, denn als ich bemerkte, dass dieser “Ast” auf dem ich saß, nichts anderes als ein Vogelnest ist, schauten mich schon große hungrige Augen an.

„Hilfe, ein Vogel!“, ich schrie so laut ich konnte, doch statt Hilfe kamen noch mehr Vögel herbei. So schnell ich konnte, flog ich durch die Luft, auf der Suche nach einem Versteck. Die Vögel, schnell wie Raketen, schossen hinter mir her. Ich wurde immer müder und der Wind von der Seite machte mir das Fliegen schwer.

Müde steuerte ich auf einen Baum zu, in der Hoffnung, dort einen Unterschlupf zu finden. Denn ich wusste, wenn kein Wunder geschieht, würde ich verspeist.

Plötzlich war der Wind so stark, dass er mich kurz von dem Baum wegtrieb. Die Vögel konnten nicht mehr bremsen und ratterten einer nach dem anderen in den Baum hinein.

Doch das änderte nichts daran, dass ich vom Wind immer weiter getrieben wurde. Meine Augen wurden dabei schwer und ich schlief, ohne es zu wollen ein. Ich wusste zwar nicht, wie lange ich geschlafen habe, aber als ich die Augen öffnete, lag ich zwischen ziemlich harten und stinkenden Dingern.

Ich versuchte mich hier raus zu kämpfen, doch ich war noch zu verwirrt, dass ich nicht mehr wusste, wo oben und wo unten ist. Plötzlich kam ein riesiges Maul mit großen Zähnen, die alles zermalmten, entgegen.

Ich dachte schon, ich wäre gleich am Ende, als eine komische Stimme fragte: „Hey, was machst du in meinem Futter? Ich hätte dich fast verschluckt!“ „Äh, ha-hallo. Ich b-b-bin Sonnenwolk-k-ke“, zitterte ich.

„Hallo Sonnenwolke, du brauchst keine Angst zu haben, ich bin doch nur ein Hund. Ach ja, ich bin Chipsy. Wo wohnst du eigentlich?“
Ich senkte traurig meinen Kopf und nuschelte bedrückt: „Ich habe kein Zuhause.“ „Oh, du Arme!“, jaulte Chipsy mitleidig. „Aber ich glaube, ich weiß, wo du wohnen könntest. Komm steig auf!“

Ich wusste zwar nicht, was Chipsy damit meinte, aber trotzdem stieg ich vertrauensvoll auf. „Festhalten, es geht los!“, rief Chipsy und raste noch viel schneller als ein Vogel los.

Nach ungefähr zwei holprigen Minuten hielt sie an und sagte:
„Komm, steig ab, hier kannst du wohnen! Ich hoffe, du verträgst dich mit ihnen!“ Husch, war sie wieder weg. „Mit wem soll ich mich vertragen?“, rief ich ihr hinterher. Doch diese Frage wurde mir gleich beantwortet.

„Hallo, wer bist du denn?“ Ich drehte mich um und sah zwei andere schöne Schmetterlinge. Hallo, ich bin Sonnenwolke und habe kein Zuhause.“ „Dann komm doch mit zu uns, ich bin Sonnenstrahl und das ist meine Schwester Wölkchen. Komm, wir zeigen dir, wo wir wohnen!“

Ihr Haus bestand aus einer heruntergefallenen Tulpenblüte. Wir freundeten uns sehr schnell an und nach ein paar Tagen zeigten sie mir auch die Gegend hier. Es war, ist und bleibt für mich das schönste Zuhause, das ich je hatte und jetzt immer noch habe.

Ich hoffe, dass ich hier nie wieder weg muss.

Die Katze Mimmi findet eine Freundin

von Hanna Franke

Mimmi langweilt sich, denn ihr Frauchen ist ausgegangen. Mimmi langweilt sich sehr. Wenn sie nur jemanden zum Spielen hätte! Da fällt ihr etwas ein. Bald ist Adventszeit. Sie könnte doch einmal gucken, ob sie Adventskalender findet oder einen basteln könnte. Da sieht sie am Fenster hinter dem Zaun im Garten ein Pferd.

Da fällt ihr ein, dass das Pferd ihnen gehört und Pieri heißt. Wenigstens gibt es ja eine Katzenklappe, durch die sie gehen und Pieri fragen kann, ob sie einen Adventskalender übrig hat oder wenigstens was zum Basteln. Doch Pieri ist gerade beim Fressen und hat keine Lust zu antworten. Darum klettert Mimmi Pieri auf den Rücken und kratzt eine Lücke zwischen Mähne und Kopf. Pieri wirft den Kopf zurück und schlägt vor Schreck nach hinten aus. Mimmi purzelt runter und faucht Pieri an.

Zum Glück steht im Stall noch das Fohlen Jackaranda. Jackaranda sagt: „Meine Mutter ist gerade nervös. Sie hat auch vorhin einen Adventskalender zerlegt.“ „Und warum?“, fragt Mimmi. Jackaranda antwortet: „Da drüben auf der Nachbarkoppel steht der Hengst Sindbad. Sindbad hat Pieri diesen Adventskalender letztes Jahr geschenkt und im 24. Türchen waren Pferdeäpfel von Sindbad drin.“

Hast du wenigstens einen Adventskalender oder Bastelmaterial?“, fragt Mimmi. „Ich habe zwar keinen Adventskalender, aber noch Stücke von dem Adventskalender, den Pieri zerlegt hat“, antwortet Jackaranda. „Kann ich das haben?“, fragt Mimmi vorsichtig. „Ja“, sagt Jackaranda. „Dann gehe ich jetzt“, sagt Mimmi und geht wieder und bastelt los.

Ein verfliXter Freitag

von Paulina Dietzel

Als die kleine Hexe Tinka erwachte, merkte sie, dass etwas anders war als sonst. Als sie in ihre Hausschuhe schlüpfen wollte, gab es ein lautes Quaken. Sie schleuderte ihren Schuh bis an die Zimmerdecke. Ihre Kröte Wanda fiel heraus, zum Glück jedoch unversehrt.

Auf dem Weg zur Küche fluchte Tinka: „Krötenei und Hexengalle. Was macht die dumme Kröte in meinem Hausschuh?“ Jetzt wollte sie sich erst einmal einen starken Kaffee machen, um den Schreck zu verdauen. Tinka setzte Wasser auf und wartete. Als der Wasserkessel endlich pfiff, lief sie schnell hin. Sie nahm den Kessel vom Herd und suchte das Kaffeepulver.

Schließlich fand sie es, nahm es aus dem Regal und schüttete es in die Kaffeekanne. Schnell schmierte sie sich ein Honigbrot. Sie nahm ihr Brot und wollte zum Tisch gehen. Kurz davor fiel es ihr aus der Hand und landete mit der beschmierten Seite nach unten auf dem Küchenboden.

„So ein Mist!“, rief Tinka und stampfte mit dem Fuß auf. Sie entfernte das Brot und sah, dass der ganze Honig am Boden klebte. Schnell rannte sie zur Abstellkammer, um einen Lappen zu holen. Nach kurzem Suchen fand Tinka den Lappen. Sie flitzte zum Honig. Da passierte es!

„Autsch, igitt!“, rief Tinka, denn sie war mit dem Po genau in den Honig gefallen. Tinka war sauer und zwar auf sich selber, auf das Brot – einfach auf alles. Sie entfernte die Sauerei und fluchte dabei unentwegt.

Danach ging sie in ihr Schlafzimmer. Als sie sich im Spiegel von hinten sah, war sie entsetzt. Sie sah wirklich schlimm aus!

Sie ging zu ihrem Schrank, nahm den erstbesten Kleiderbügel heraus und schlüpfte in die Sachen. Dann wollte sie endlich einen Kaffee trinken.

Sie ging in die Küche, griff nach ihrer Tasse und nahm einen kräftigen Schluck und spuckte ihn sofort wieder aus. Statt Kaffeepulver hatte sie versehentlich Eidechsenschwanzgeleepulver in den Filter geschüttet. Das schärfste Gewürz der ganzen Hexenküche. Schnell trank sie ein Glas Wasser hinterher, doch der brennende Geschmack im Hals ließ sich nicht vertreiben. Nun war sie richtig sauer.

Tinka zog ihre Schuhe an und ging nach draußen. Sie wollte in die Stadt fliegen, um auf andere Gedanken zu kommen. Tinka stieg auf ihren Hexenbesen und murmelte: „Ene mene Besen satt, flieg mich sofort in die Stadt. Hex, Hex!“ Funken zischten durch die Luft und der Besen flog langsam aber sicher los.

Als sie in der Stadt gelandet waren, schlenderte Tinka an den Schaufenstern entlang. Nach kurzer Zeit hatte sich eine große Menschenmenge um Tinka versammelt. Die Leute riefen durcheinander: „Ist denn schon Karneval?“ „Was hast du denn an?“ „Wow, kuckt euch mal die an!“

Tinka sah an sich runter und erschrak: „Au weia, ich habe ja das Clownskostüm vom Fasching an!“ Tinka griff schnell nach ihrem Besen und stolperte davon.

Hinter einem Baum startete sie den Heimflug. Endlich zu Hause angekommen, war es schon dunkel. Tinka zog ihren Schlafanzug an. Beim Ins-Bett-Steigen fiel ihr Blick auf den Kalender an der Wand. „Oh, heute ist Freitag, der 13. – na dann ist ja alles klar!“, stöhnte Tinka.

Der tapfere Müllerbursch

von Peter Feldschmidt

Es war einmal ein junger Müller. Er war hilfsbereit und sehr tapfer. Er hatte zwei faule große Brüder. Sie halfen ihm nicht, sondern zankten nur herum und spielten Karten, während er das Mühlrad in Bewegung setzte, neue Scharniere kaufen ging, den Roggen abfüllte und alle Tätigkeiten machte, die es damals auf einer Mühle gab.

Als der Müllerbursch fünfzehn Jahre alt war, starb der Vater. Der älteste Sohn bekam die Mühle, der andere den Karren mit dem Esel. Und was bekam der jüngste, der freundlichste, hilfsbereiteste, tüchtigste und vor allem der tapferste? Einen Bogen mit Pfeil und Köcher! Doch der Bursche war damit zufrieden.

Nach kaum einem halben Jahr wurde er von seinen bösartigen Brüdern verbannt. Er zog in den Wald hinaus. Bald traf er auf einen Hasen, der vom hungrigen Fuchs gejagt wurde. Er spannte den Bogen und schoss. Der Pfeil traf den Fuchs derart ins Genick, dass er tot zu Boden sank. Der Hase eilte zu ihm und sprach: „Du bist sehr tüchtig, zum Dank geb' ich dir dieses Schwert."

Der junge Müllerbursch ging weiter und kam zu einem Pferd, das angebunden war und von einem Mann ausgepeitscht wurde. Da griff der Bursch zu seinem Schwert und schlug dem Mann den Kopf ab. Das Pferd band er los. Als Dank für sein Mitgefühl und seine Gerechtigkeit erhielt er von diesem Lanze und Helm.

So ging er weiter und kam zu einer Höhle. Als er sich hineinbegab, sprang ihn ein schwarzer Bär an. Doch schon danach lag dieser tot am Boden. Der Müllerbursch hatte sich gerettet. Jetzt war seine Unerschrockenheit bewiesen. Jetzt war er nicht mehr wieder zu erkennen. Er war ein Ritter geworden!

Am nächsten Tag setzte er seine Reise fort und schon bald hatte er den Wald weit hinter sich gelassen. Er war im Königreich der Burgunder. Dieses Königreich war friedlich und gerecht. König Richard II. war ihr Monarch. Was der Müllerbursch nicht wusste war, dass die streitigen Franken unter König Wilhelm III. einen Angriff auf die Burgunder machten.

So begab er sich auf das Schlachtfeld. Er wurde unvermeidlich hineingezogen. Es war eine fürchterliche Schlacht: Die Franken hatten die Oberhand. Doch der Müllerbursch schlug jeden Franken nieder, der sich ihm in den Weg stellte. Das beflügelte die Burgunder und ärgerte die Franken, die genauso verbissen kämpften wie zuvor.

Nach drei Tagen waren alle Burgunder erschlagen und alle Franken tot. Außer König Wilhelm III. und dem Müllerburschen, die sich immer noch im Kampf befanden: Dieser dauerte einen Tag und eine Nacht. Bis König Wilhelm III. endlich fiel. Zum Dank gab ihm der König Richard II. die Hälfte seines Königsreichs und seine Tochter. Jetzt war seine Tapferkeit bewiesen.

Als der König starb, wurde der Müllerbursch der Monarch von Burgund. Und wenn sie nicht gestorben sind, dann leben sie noch heute.

Der SCHATZ von Ozol

von Annika Sarah Frank

Es sind Sommerferien und Hanna, Johanna, Denise und Bianca sind auf einem zwei Wochen langen Ausflug durch die sauerländischen Wälder: „Puh, wie lange sind die 14 Tage denn? – Ich kann nicht mehr!“, schnauft Hanna, die etwas pummelig ist.

Die sportliche Bianca hält ihr Fahrrad an und sagt: „Hier können wir unser Zelt aufstellen. Die Stelle ist gut, weil hier ein See liegt. Da haben wir immer frisches Wasser.“ Denise hält ihr Fahrrad ebenfalls an. Dann holt sie das Zelt aus ihrem Rucksack und sagt traurig zu ihren drei Freundinnen: „Ihr müsst das Zelt alleine aufbauen. Ich kann nämlich kein Zelt aufstellen.“ – „Mach dir keine Sorgen. Pudding und du, ihr kümmert euch um das Essen, während Bianca und ich das Zelt aufbauen, okay?“, fragt Johanna ihre drei Freundinnen. Die nicken und machen sich an die Arbeit.

Nach einer Dreiviertelstunde ist das Essen warm und das Zelt steht und ist häuslich eingerichtet. Nachdem sie das Mittagessen verzehrt haben, schlägt Bianca vor: „Was haltet ihr davon, wenn wir die Gegend ein bisschen erkunden und erst heute Abend wiederkommen?“ – „Muss das sein? Können wir nicht hier bleiben?“, stöhnt Hanna. Aber weil Johanna und Denise die Idee supertoll finden, laufen sie schon zehn Minuten später am Ufer entlang und erkunden die Gegend. Doch plötzlich macht Denise eine Entdeckung ....

„He, kommt mal schnell her! Seht euch das an! Da liegt ja ein kaputtes Floß!“, ruft Denise den anderen aufgeregt zu. Die kommen sofort angerannt und sind auch ganz begeistert. Bianca ist als erste bei Denise, die mit ausgestrecktem Finger auf ein altes Floß zeigt: „Da, da liegt es!“ Johanna ruft: „Geht nicht auf das Floß, es könnte morsch sein!“ – „Ich hab eine Idee: Wir können das Floß doch reparieren, oder?“, schlägt Hanna zaghaft vor.

Nach drei Tagen ist das Floß erneuert und repariert. „Können wir jetzt in See stechen? Ich bin schon sooo aufgeregt!", fragt Denise ungeduldig. Johanna sagt ganz ruhig zu ihr: „Gleich, wir müssen nur noch Reiseproviant schmieren." – „Und dann können wir ablegen?", fragt Hanna.

Diesmal antwortet Bianca: „ Nein, natürlich nicht. Wir müssen uns erst ein Paddel bauen und unsere Badeanzüge anziehen. Vorher besorgen wir uns noch Schwimmwesten. Erst dann können wir starten. Versteht ihr?" – „Ja, klar, das verstehen wir", sagen Hanna und Denise. Johanne kramt inzwischen nach Geld für die Schwimmwesten.

Nachdem alle ihre Badeanzüge und Schwimmwesten angezogen haben, bauen sie sich ein Paddel und fahren los. Nach einer Weile taucht plötzlich ein Krokodil vor ihnen auf. Denise schreit: „Sind wir hier auf dem Amazonas, oder was?" Das Krokodil reißt sein Maul weit auf und zwei Reihen spitzer Zähne kommen zum Vorschein. Vor Schreck fällt Hanna ins Wasser.

Hilfe! Das Krokodil will mich fressen!" Und wirklich, das Krokodil schwimmt langsam auf Hanna zu. Doch bevor es zuschnappen kann, wird es von einem Gegenstand getroffen und rührt sich nicht mehr. Während Hanna von ihren Freundinnen zurück auf das Floß gezogen wird, kommt ein Polizeiboot auf sie und das Krokodil zu.

„Hallo! Ist alles in Ordnung mit euch?", fragt ein junger Polizist aus dem Boot. „Dieses Krokodil ist aus dem Zoo ausgebrochen. Wir wurden sofort verständigt und nahmen die Suche bewaffnet mit Betäubungsgewehren auf." Denise findet als erste ihre Sprache wieder: „Bis auf einen Schock haben wir alles gut überstanden", antwortete sie mit einem Blick auf ihre Freundinnen. Nachdem die Polizisten mit dem Krokodil im Schlepptau verschwunden sind, fahren die Mädchen weiter. Sie sind froh, dass nichts Schlimmes passiert ist.

Sie sind schon ein ganzes Stück weitergefahren, als es plötzlich dunkel wird und ein Blitz, dicht gefolgt von einem lauten Donner, den Himmel erhellt. „Oh nein! Bitte kein Gewitter, bitte nicht!", rufen die vier wie aus einem Mund.

„Oh doch!", scheint Petrus zu sagen, denn jetzt fängt das Gewitter erst richtig an. Mannshohe Wellen peitschen das Wasser und das Floß wackelt bedenklich. „Passt auf!", brüllt Bianca zu Johanna, Denise und Hanna hinüber. Doch die Warnung kommt zu spät. Eine riesige Welle schwappt gegen das Floß und lässt es in seine Einzelteile zersplittern. Die Mädchen werden auf eine fremde Insel geschwemmt. Ohnmächtig bleiben sie dort liegen.

Am nächsten Morgen kommen sie langsam wieder zu sich. „Wisst ihr, wo wir hier sind?", fragt Johanna. Aber keine von ihnen weiß eine Antwort. In der Zwischenzeit ist das Unwetter weitergezogen und die Sonne kommt zum Vorschein und trocknet die Mädchen. „Kommt, lasst uns ...", fängt Bianca an, aber Hanna kommt ihr zuvor: „... die Insel erkunden? Nein, vergiss es!" Aber Johanna hält zu Bianca: „Ich finde auch, dass wir die Insel erkunden sollten. Immerhin kennen wir sie ja noch nicht!" – „Eben. Ich möchte zurück", heult Hanna. Doch es hilft alles nichts. Und so kommt es, dass sie mutig über die Insel stapfen.

He! Seht mal da! Eine alte Ruinenstadt! Und sie heißt .... ah, hier steht es: OZOL!“, ruft Denise. Sie sieht immer alles als erste, zum Beispiel das Floß und jetzt die Ruinenstadt Ozol. „Sieht echt gruselig aus! Können wir nun weitergehen? Wir müssen die Stadt doch nicht erkunden, oder etwa doch?“, fragt Hanna ängstlich. Bianca ist empört: „Natürlich erkunden wir sie! Welche Frage?! Du kannst ja alleine weitergehen!“ – „Genau!“, sagt Denise. Johanna schließt sich auch an: „Ich bin auch dafür, dass wir Ozol erkunden!“ Da bleibt Hanna nichts anderes übrig, als mitzukommen.

„Wow!“, haucht Denise. „Ja, echt cool!“, staunt Johanna. “Gigantisch, findest du nicht auch, Hanna?“, fragt Bianca. „Ja.“, gibt Hanna zu. Es ist wirklich atemberaubend. Die Freundinnen stehen vor einem aus purem Gold gebauten Tempel. „Bestimmt hat hier ein König gewohnt!“, schwärmt Denise. Doch Bianca verbessert sie: „Du meinst wohl den Kaiser, Denise!“ Johanna mischt sich ein: „Aber früher wohnten in den Tempeln die Götter anstelle der Kaiser und Könige!“ – „Aha, wollen wir mal in den Tempel hineingehen oder hier Wurzeln schlagen?“, fragt Hanna, die schon etwas mutiger geworden ist.

Vorsichtig gehen die Mädchen in den Tempel hinein. Nachdem sie um ein paar Ecken gegangen sind und ungefähr in der Mitte des Tempels sind, erschrecken sie sich gewaltig, als Denise ruft: „Ah! Hilfe, ein Skelett! Da vorne liegt es! Das ist unser Ende!“ – „Ja, kommt, wir rennen fort!“, ruft Hanna. Doch sie können nicht fliehen, denn ein alter Bann hält sie fest.

Johanna sagt: „Wir können nicht weg!“ – „Und was jetzt?“, fragt Bianca verzweifelt. „Hey, seht mal da, was das Skelett in der Hand hält! Eine Karte!“, wundert sich Denise. Durch ihre Entdeckung ist der Bann gebrochen und sie können sich wieder bewegen. Behutsam hebt Denise die Karte auf.

„Sag mal!“, sagt Hanna, „warum siehst du eigentlich immer alles zuerst?“ – „Wie meinst du das, Hanna?“, fragt Denise beleidigt. Hanna erwidert pampig: „Na, du hast das Floß, die Stadt Ozol, den Tempel, das Skelett und jetzt die Karte entdeckt. Das sind also schon fünf Sachen.“ – „Ah, das meinst du! Jetzt versteh’ ich. Du meinst also, ich bin findiger als ihr? Das stimmt aber nicht. Ich pass nur besser auf“, verteidigt sich Denise und fängt fast an zu weinen.

Da mischt sich Johanna energisch ein: „Hört endlich auf zu streiten! Mir reicht es jetzt! Und Bianca reicht es bestimmt auch. Ich hab davon sogar Kopfschmerzen bekommen."

Nach der Standpauke von Johanna halten Denise und Hanna den Mund und würdigen sich keines Blickes mehr. Bianca und Johanna aber stört das nicht, denn sie studieren die Karte, um herauszufinden, wofür sie gut ist.

„Du, ich glaube, das bringt nichts, weiter die Karte zu studieren. Ich meine, wir finden doch eh nichts. Außerdem steht hier alles auf Latein und außer Denise kann keine von uns Latein. Oder was meinst du, Bianca?", fragt Johanna besorgt. Bianca meint zustimmend: „Stimmt, Johanna. Aber ich glaube, Denise ist beleidigt. Und wie du weißt, redet sie, wenn sie beleidigt ist, erst mal nicht mit uns. Also bringt es nichts, sie darum zu bitten, uns zu helfen. Verstehst du?" Johanna nickt.

Bianca hat leider recht. Hanna aber ist nicht beleidigt und hat alles mit angehört. „Vielleicht kann ich euch ja helfen." Erstaunt schauen die beiden Hanna an und sagen wie aus einem Mund: „Du?"

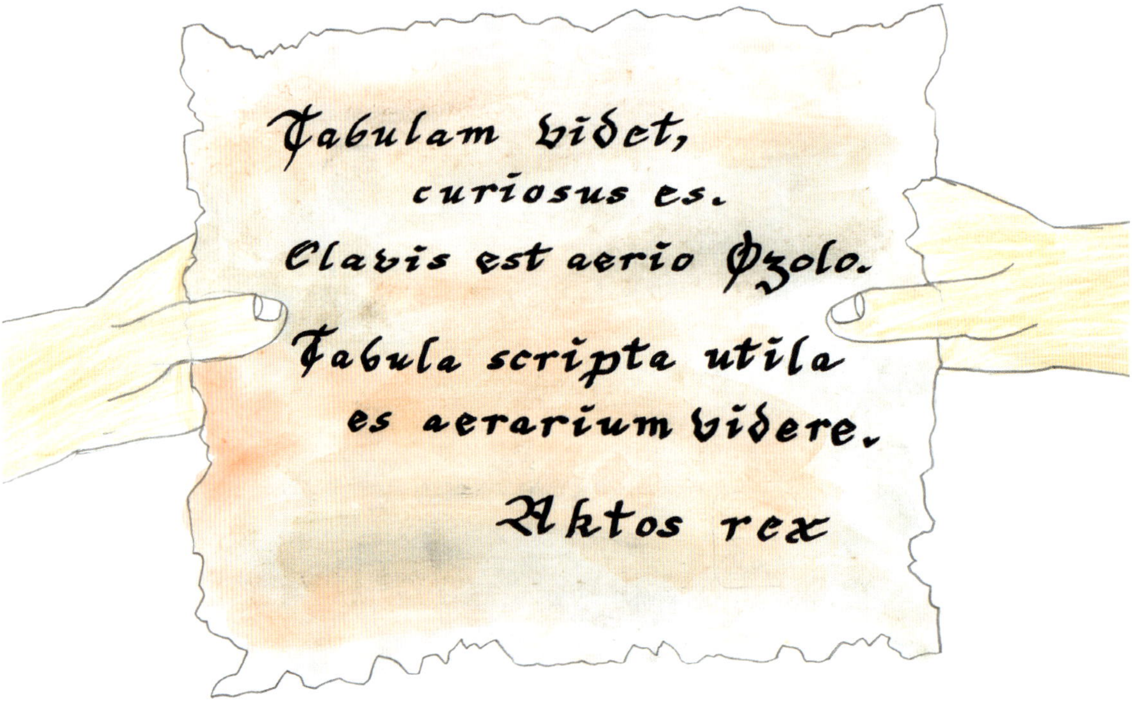

Ja, ich! Habt ihr was dagegen? Ich pass genauso gut auf, wie Denise!“ Und mit diesen Worten reißt Hanna Bianca einfach die Karte aus den Händen. „He, spinnst du?”, fragt Bianca empört. Doch Hanna hört gar nicht mehr hin und studiert aufgeregt die alte, fleckige Karte. Aber wie sie die Karte auch dreht und wendet, sie findet auch nicht mehr heraus als zuvor Bianca und Johanna.

Hanna gibt die Karte ärgerlich an Denise weiter, die aus ihrem Schmollwinkel zurückgekehrt ist. Die liest sich die lateinischen Wörter erst einmal durch. Dann übersetzt sie es den anderen: „Also ... wenn ich das richtig gelesen habe, führt die Karte uns zu einem Schatz von König ....!“ Hanna kann sich nicht mehr beherrschen: „Du sollst uns keinen Vortrag halten, sondern uns vorlesen, was da steht. Kapiert!“ Mürrisch liest Denise vor:

> „Wer auch immer diese Karte findet, gehe bitte sorgsam damit um. Sie ist der Schlüssel zum Schatz von Ozol.
> Der Plan, den ich gemacht habe, wird dabei helfen, den Schatz zu finden.
> König Aktos.“

Bianca ist ganz aufgeregt und Johanna fragt gespannt: „Steht da auch ein Datum?“ Denise nickt eifrig: „Ja, hier steht: 6.1.1567.“ Hanna bleibt der Mund offen stehen: „Wow, stellt euch vor, das ist ja in der Steinzeit!“

Denise sagt spöttisch: „Aber Hanna! Die Steinzeit war im 16. Jahrhundert schon längst vorbei! Zu dieser Zeit war vielleicht Mittelalter.“ – „Ist ja gut, Denise! Wir wissen ja alle, dass du in Geschichte ein Ass bist“, besänftigt Bianca ihre Freundin. Johanna nickt gelangweilt: „Ja, ja. Schon klar, aber das bringt uns doch überhaupt nicht weiter. Wisst ihr, was wir nun machen? Wir sehen am Strand nach, ob unsere Ausrüstung angeschwemmt worden ist. Danach machen wir uns gemeinsam auf die Suche nach dem Schatz von Ozol, einverstanden?“

Gesagt, getan! Jetzt arbeiten alle als Team zusammen: Hanna und Johanna gehen mit der angeschwemmten Ausrüstung hinter Bianca und Denise mit der Karte her. Als sie nach ein paar Minuten zu einem unterirdischen Gang finden, studiert Denise noch einmal den Plan: „Hm. Also ich glaube, wir sind jetzt gerade hier." Sie deutet auf einen Teil der Karte. „Das heißt, wir müssen in den Gang da vorne.

Nach 90 Metern kommt der Eingang zu einem Labyrinth, und in dem Labyrinth ist dann der Schatz von Ozol." Hanna seufzt in sich hinein: „Puh, das überlebe ich nicht!" Denise und Bianca lachen sich ins Fäustchen und Johanna sagt grinsend: „Du Arme! Hanna, das wirst du schon überstehen."

Die muntere Reisetruppe zieht tiefer in den Gang hinein. Nun biegen die vier Mädchen um eine Ecke und stehen vor einer mächtigen Eisentür. Denise guckt auf der Karte nach, wo sie sich gerade befinden und wird blass: „Wisst ihr, wo wir sind? Hinter dieser Tür muss das Labyrinth sein!"

Mit größter Anstrengung schaffen es die vier schließlich, die alte verrostete Eisentür zu öffnen. Kalte und modrige Luft schlägt ihnen entgegen. „Das ist also das Labyrinth. Ich habe es mir ein bisschen gemütlicher vorgestellt", gibt Bianca ängstlich zu. „Ich mir auch", schließt sich Hanna an. Denise beruhigt die beiden, indem sie sagt: „Ich habe zum Glück Streichhölzer und eine Taschenlampe dabei. Wo sind sie denn ...?" Denise kramt in dem Beutel, den Hanna trägt.

Schließlich hat sie eine Packung Streichhölzer in der Hand und meint zufrieden: „Hier sind sie ja!" Johanna jammert: „Warum nimmst du nicht die Taschenlampe, Denise?" Denise deutet auf den Plan und auf vier erloschene Fackeln und erklärt optimistisch: „Erstens, weil wir diese Fackeln benutzen können und so Batterien sparen, und zweitens, weil auf dem Plan steht, dass der Schatz in einem Tresor liegt. Und man kann ihn nur mit einem Code öffnen, den man aus einem verschlüsselten Hinweis erraten muss. Damit wir den Hinweis besser lesen können, brauchen wir die Taschenlampe, ganz einfach!"

Mit vier Fackeln bewaffnet geht es immer tiefer in das unheimliche Labyrinth hinein. Nach einer zähen halben Stunde fragt Bianca besorgt: „Ich glaube, wir haben uns verirrt, Denise." - „Das befürchte ich langsam auch", flüstert Hanna ängstlich. Johanna fragt durch die Äußerungen ihrer Freundinnen verunsichert: „Du, Denise, kannst du überhaupt eine Karte lesen?" Nach Johannas Bemerkung bleiben alle stocksteif stehen, sogar Denise selbst.

Hanna kaut sich vor Angst die Nägel ihrer Daumen ab, und Bianca fällt vor Schreck fast ihre Fackel aus der Hand. „Denise und ihre Karte! Hast du sie nun richtig gelesen, oder nicht?" Johanna klingt vorwurfsvoll. Denise schaut sie böse an und antwortet beleidigt: „Natürlich kann ich eine Karte richtig lesen! Gar keine Frage! Oh ... und was ich euch noch sagen wollte, aber fast vergessen habe: Wir sind bald beim Schatz angekommen! Also keine Müdigkeit vorschützen! Weiter geht's!"

Die vier setzen sich wieder in Bewegung. "Äh, Bianca?", fragt Hanna. "Was ist denn los, Hanna?" Hanna deutet auf ihre Fackel: „Guck mal, gleich geht meine Fackel aus!" Bianca schaut bestürzt die vier Fackeln der Mädchen an: „Ich glaub, wir stehen gleich im Dunkeln, Freunde." Denise nickt: „Dann haben wir nur noch meine Taschenlampe. Und ausgerechnet jetzt müssen wir den Code knacken. Seht mal, da vorne steht schon der Tresor!"

Während die Fackeln langsam verlöschen, knipst Denise die Taschenlampe an. Die vier Mädchen gehen im Licht der Lampe langsam auf den Tresor zu. Als sie direkt vor ihm stehen, entdeckt Denise etwas im Staub liegen. Sie bückt sich, wischt den Staub weg und hebt ein Blatt Papier auf: „He, seht mal, was ich gefunden habe! Den Hinweis! Wartet mal, da steht

Was es hier jetzt gibt,
findet niemals ein Dieb.
Seid nicht blöd und auch nicht dumm,
dreht euch lieber wieder um.

Mehr steht da nicht." Die Freundinnen drehen sich um und schauen sich ratlos an. Plötzlich fällt Biancas Blick auf den Gang, aus dem sie gekommen sind. An der Wand scheint etwas eingemeißelt zu sein.

Sie deutet mit dem Kopf in die Richtung und ruft erfreut: „Da ist etwas an der Wand!" Schon ist sie zur Wand gelaufen und fegt mit einer Handbewegung den Staub von der Inschrift. „Mist, schon wieder in Latein! Denise!" Mühsam versucht Denise, die Buchstaben zu entziffern: „Hmm ... ganz schön undeutlich. Ich glaube, hier steht ...

Folge der Sonne und löse das Rätsel."

Verständnislos schüttelt Johanna den Kopf und sagt: „Wo soll in dieser Finsternis denn die Sonne sein? Ich steig da nicht durch." – „Stimmt. Aber fällt euch nicht auf, dass es an dieser Stelle ein wenig heller ist als im übrigen Labyrinth? Also muss von irgendwoher Sonnenlicht eindringen", bemerkt Denise.

Angestrengt suchen sie nach einer Öffnung, aber vergebens. Da entdeckt Johanna über ihnen ein kleines Loch, durch das die Sonne nur ganz schwach hereinscheint: „Oh, ich glaube, ich habe die Sonne gefunden! Dort oben!" Johanna ist ganz stolz, dass sie die Sonne gefunden hat. „Toll, Johanna! Aber das Loch lässt zu wenig Licht durch. Wenn ich auf eure Schultern steige, komme ich an das Loch heran. Vielleicht kann ich es mit den Händen größer machen, damit mehr Licht hereinkommen kann", überlegt Denise.

Gesagt, getan. Nachdem Denise die Öffnung vergrößert hat, scheint ein Sonnenstrahl direkt auf ein paar Steine, die nicht weit vom Tresor entfernt liegen. Sie bilden die Rechenaufgabe: 4 x 4. Hanna zittert vor Aufregung: „Was bedeutet das?" – „Vielleicht ist das die Zahl, die den Tresor öffnet!

4 x 4 ergibt 16. Das probieren wir aus!" Schon flitzt Denise zum Tresor und gibt die Zahlen 1 und 6 ein. Doch nichts passiert. „Moment mal, 4 x 4 ... ich hab's! Vier mal die Vier! Los Denise, gib vier mal die Vier ein!", überlegt Hanna laut.

Niemals, Hanna, das glaube ich nicht. Das wäre viel zu einfach", zweifelt Denise. „Mensch, Denise, du bist ja nur neidisch, weil du nicht auf diese Idee gekommen bist! Außerdem: Probieren geht über studieren!", stellt Johanna fest.

Widerwillig gibt Denise die Zahlen ein. Und wirklich, kaum hat Denise die Zahlen eingestellt, macht es einmal leise KLICK und schon lässt sich der Tresor öffnen. „Wow, das ist ja ein ur-ur-altes Buch! Hier steht: Geschrieben 1488. Die Geschichte von Ozol", ruft Denise, als sie die Aufschrift des verstaubten Ledereinbandes entziffert hat.

Nach einer Stunde stehen die vier Mädchen wieder vor dem Tempel im Sonnenlicht und laufen so schnell sie können zum Strand hinunter. Eine weitere Stunde später haben sie ihr Floß notdürftig repariert und paddeln zu ihrem Zeltplatz zurück. „Es sind zwar erst vier Tage unserer Ferien vergangen, aber trotzdem müssen wir sofort ins nächste Dorf und zur Polizeistation", ruft Johanna den anderen zu. Dabei fängt sie an, das Zelt auszuräumen. Ihre Freundinnen helfen ihr dabei.

Als die vier spätabends in der Polizeistation ankommen, sitzt der junge Polizist aus dem Boot hinter dem Tisch. „Hallo, Mädchen! Das Krokodil ist inzwischen schon wieder zurück im Zoo. Habt ihr Fragen dazu? Aber ... Moment mal, was habt ihr denn da in der Hand, Kinder?", fragt der Polizist verdutzt.

Denise reicht ihm das alte Buch, auf dem „Die Geschichte von Ozol“ draufsteht, und erzählt: „Nachdem wir das Abenteuer mit dem Krokodil heil überstanden hatten, sind wir weitergefahren, und zwar in Richtung Süden. Bei dem Gewitter kenterte unser Floß und wir wurden auf eine Insel gespült.

Natürlich haben wir die Insel sofort untersucht, und dabei fanden wir eine alte Ruinenstadt namens Ozol. In der Mitte der Stadt stand ein goldener Tempel, und dort fanden wir die Karte, die uns zum Schatz von Ozol führte. Wir lösten das Rätsel und fanden dieses Buch. Als Beweis ist hier die Karte. Können Sie Latein? Ich schon. Soll ich vorlesen? Also ...“-
„Nein, nein, schon gut! Ich muss mal eben telefonieren“, unterbricht der Polizist ihren Redeschwall. Ihre Freundinnen, die froh über die Unterbrechung sind, seufzen erleichtert auf.

Der Polizeibeamte ruft zuerst den Leiter eines Museums in der Nachbarschaft und anschließend die Presse an: „Hallo? Hier haben vier Kinder etwas Besonderes gefunden! Bitte kommen Sie sofort zur Polizeistation Ohlenheim! Danke.“

Schon zwanzig Minuten später sind der Museumsleiter und eine Reporterin da. Als sie das alte Buch mit der Aufschrift ‚Die Geschichte von Ozol’ sehen, sind sie hellauf begeistert und reden wild durcheinander:
„Wie ... wo ... ich meine, das gibt’s doch gar nicht, oder, Herr Muntello?“

Der Museumsleiter, Herr Muntello, ist genauso aufgeregt, wie die Reporterin, Frau Kleinlicht. „Nein ... nein ... das .. das habe ich ... auch noch ... noch nicht gesehen, Frau Kleinlicht.“ Herr Muntello kommt vor Aufregung ins Stottern. Und als er und Frau Kleinlicht die Geschichte von dem Buch gehört haben, sind sie Feuer und Flamme. „Das ist ja unglaublich! Kinder finden Jahrhunderte altes Buch von Ozol“, die Reporterin macht sich begeistert Notizen. Der Museumsleiter fügt hinzu: „Dieses Buch ist von unschätzbarem Wert! Dafür habt ihr euch eine beachtliche Belohnung verdient!“

Zum Schluss wird noch ein Foto für die Zeitung gemacht.

Am nächsten Morgen sitzen die vier Freundinnen gemütlich am reichhaltig gedeckten Frühstückstisch einer Pension und lesen die Morgenzeitung. „He, guckt mal! Gleich auf der ersten Seite“, nuschelt Denise mit vollem Mund. „Jetzt wissen wir endlich, wie toll wir sind“, grinst Johanna. „Das wussten wir aber doch schon vorher“, lachen Hanna, Bianca und Denise.

ich heiße Annika und bin 10 Jahre alt.
ich gehe in die 4. Klasse. Hoffentlich
gefällt Euch meine Geschichte.

River und die schÖne VaSe

von Lisa Krauß

River war heute zu Besuch bei Oma Dina und Opa Mikosch. Opa Mikosch war gerade nicht zu Hause, sondern er besuchte seine beiden anderen Enkel, die sehr weit von ihnen entfernt wohnten. River ist auch ein Enkel der beiden. Oma Dina und Opa Mikosch wohnten am Bodensee in einem kleinen Dorf.

In Oma Dinas Schlafzimmer stand eine sehr schöne chinesische Vase, in der ein paar Rosen standen. River hatte sich gerade verabschiedet von seiner Mutter, als er merkte, dass er keine Spiel- und Malsachen mitgenommen hatte. Er schaute sich nun etwas um, ob er wohl etwas Tolles finden würde.

River sagte leise vor sich hin: „Oma Dina möchte ich heute einmal erschrecken! Ich muss nur einen Plan finden, wie ich das anstelle.“ Oma Dina rief gerade in diesem Moment mit ihrer kratzigen Stimme: „Was machst du denn Schönes, mein lieber Enkel?“ River zuckte entsetzt zusammen. „Ich .. äh .. gar nichts .. äh .. ich spiele, Omi“, stotterte er nervös hervor und klatschte sich nun auf die Stirn und kniff die Augen zusammen.

Was hatte er nur wieder angestellt?! Oma würde sicher Verdacht schöpfen, dass das nicht mit rechten Dingen zuging. Aber zum Glück schaute sie nur verdutzt und schien nicht weiter darauf einzugehen. Oma Dina saß in ihrem kuscheligen Sessel und strickte gerade ein Pullöverchen für Rivers kleine Schwester Tina. Tina durfte zu Hause bleiben bei Mama und Papa, wo River jetzt lieber gewesen wäre als bei Oma Dina, wo es heute besonders langweilig war.

River holte nun aus Omas Schublade ein paar Schreib- und Malstifte und bemalte ein großes Plakat mit der Überschrift: ‚Rivers Oma Schrecken!' Er hatte darauf einen ersten Teil eingezeichnet, einen zweiten Teil und einen dritten Teil. Bei dem jeweiligen Plan hatte er mit Farbe untenhin a, b und c geschrieben und diese waren dafür da, falls z.B. Plan a nicht funktionieren würde, hätte man immer noch Plan b und c.

Nun war er fertig und betrachtete kritisch sein Bild. Es sah wirklich sehr gut aus. Er musste es nur von Oma fern halten und auch den Plan befolgen, sonst klappte das Ganze nicht. Er ging seinen Plan in Gedanken noch einmal gründlich durch. Hier und da besserte er noch mal etwas auf dem Plakat aus. River nahm nun das Plakat und schob es unter das Bett und las sich vorher noch einmal gründlich in Teil eins Plan a, b und c durch.

Nun schritt er leise in das Schlafzimmer von Oma und Opa und musste Gott sei Dank nicht an dem Wohnzimmer vorbei. River flüsterte leise sich Mut machend zu: „Das ist Plan eins, Abschnitt a." Er nahm die Rosen aus der Vase heraus und legte sie auf den Nachttisch von Oma Dina.

Vorsichtig trug er die teure Vase ins Badezimmer. Er sperrte das Badezimmer mit dem Schlüssel ab und sagte nun im Flüsterton: „Die stülpe ich mir über und ich mache vorher das Hemd auf und stecke meinen Kopf hinein."

Er öffnete das Hemd unter seiner Weste und verbarg seinen kleinen Kopf. Nun stülpte er sich die schöne Vase über den Hemdkragen und nahm vorher die blühenden Rosen unter sein Hemd, damit Oma sie nicht sah.

Danach ging er in das Wohnzimmer und Oma merkte, dass vor ihr eine Person stand. Sie schaute von ihrem Strickzeug auf und erschrak fürchterlich.

Ihr Enkel kam mit einer Vase über dem Kopf ins Wohnzimmer. Ihre teure Chinavase! Sie schrie entsetzt auf: „HILFE!!! River, kriegst du Luft? Warte, ich hole den Hammer aus dem Keller!“ River wollte entsetzt aufschreien, aber die Knöpfe von seinem Hemd hielten ihn zurück. Was hatte er nur angestellt?! Die Vase würde nun kaputt geschlagen werden und er wäre schuld! Er wollte doch nur Oma erschrecken und jetzt hatte er das Chaos verursacht.

Er fühlte sich betroffen und wusste nicht, ob er lachen oder weinen sollte. Das Nächstliegende wäre das Weinen, denn er fühlte sich total elend und betroffen. Er sagte wütend in Gedanken zu sich: „Das hast du ja wieder toll hinbekommen, River!“ Er hätte sich am liebsten selbst geohrfeigt.

Nun kam Oma Dina wieder mit einem großen Hammer zurück und dachte: „Ich will eigentlich die teure und schöne chinesische Vase nicht zerschlagen, aber das Leben meines Enkels steht auf dem Spiel! Am besten mache ich es ganz vorsichtig, damit seinem Kopf nichts passiert.“ Sie nahm zitternd und vorsichtig den Hammer in die Hand und umklammerte ihren Enkel an seinem rechten Arm. Sie schlug sachte auf die Vase und die fiel in mehreren Scherben herunter.

Nun kam der leere Kragen ihres Enkels zum Vorschein. Sie schluchzte los und merkte, dass ihr kleiner Enkel River mit seinem frechen Gesicht aus dem Hemd hervorkam. Nun war Oma Dina wütend und traurig zugleich.

Sie setzte sich in ihren Lieblingssessel und weinte fürchterlich. River war gar nicht nach Lachen zumute. Er sah sich den Scherbenhaufen an und dachte an die schöne chinesische Vase. Er legte Oma tröstend die Hand auf den Rücken und sie schaute auf.

River hatte die Rosen unter seinem Pulli hervorgeholt und gab sie Oma Dina. Aus Oma Dinas verweintem Gesicht kam ein kleines Lächeln und sie sagte leise und fast wieder versöhnt: „Du Schlingel!“

Oma Dina und er suchten gemeinsam im Keller nach einer schönen Vase und sie fanden auch bald eine. Sie war zwar nicht aus China, aber die Rosen sahen darin sehr schön aus. Oma Dina hatte ihm schon längst wieder verziehen und sich köstlich über den Plan amüsiert, aber eine Strafe musste es trotzdem geben.

Er musste die ganzen Scherben einsammeln und Oma Dina würde sich daraus ein Bild zusammenbasteln und an die Wand hängen.
Für die kleinsten Scherben rentierte es sich nicht,
sie aufzuheben.

Beide nahmen sich nun in den Arm und River versprach: „Ich werde nie mehr eine Vase oder so etwas kaputt machen, das schwöre ich!“

Das Seepferdchen

von Jonna Lena Bienert, 10 Jahre

Ingo! Ingo!“, ruft Mama aus der Küche. „Das Essen ist fertig!“
„Ja“, ruft Ingo, „ich komme gleich!“ Ingo sitzt mal wieder in seinem Zimmer und träumt davon, ein Fisch zu sein (er liebt das Meer und die Fische nämlich über alles). „Ingo!“, ruft Mama erneut. „Komme!“, ruft Ingo und geht die Treppe runter in die Küche. „Du siehst aber gar nicht gut aus“, sagt Mama.

Frank!", ruft sie und Papa kommt in die Küche. „Oh", sagt er und sieht Ingo ins Gesicht. „Ich glaube, wir lassen das Tennistraining lieber ausfallen", sagt Mama. „Ja", sagt Papa. „Nein!", ruft Ingo, aber im gleichen Moment fallen ihm die Augen zu. „Komm!", sagt Papa – „ich bringe dich ins Bett."

„Und ich rufe jetzt den Arzt an", sagt Mama. Zwei Minuten später kommt Papa wieder in die Küche. „Der Arzt kommt in einer Stunde", sagt Mama zu ihm.

Ingo, der oben im Bett liegt und schläft, träumt etwas sehr Seltsames: Er träumt, dass er ein Seepferdchen wäre und im seichten Wasser hin und her schwimmt.

„Du, du!", erklingt da eine Stimme. Hinter einem Felsen kommt ein Seepferdchenmädchen zum Vorschein. „Du", sagt sie noch einmal und schwimmt auf Ingo zu. Dann sagt sie: „Ich heiße Koko und wie heißt du?" „I...I...Ingo", stottert Ingo hervor. „Hallo Ingo", sagt Koko und lächelt ihn an.

„Ich brauche unbedingt deine Hilfe! Hilf mir bitte!", fleht Koko. „Und ... wie?", fragt Ingo. „Indem du meinem Plan folgst." Okay!", sagt Ingo ohne zu stottern „und wie funktioniert der?" „Pass auf!", sagt Koko – „in einer kleinen Höhle ist meine Familie zu Hause.

Ich bin kurz raus, um das Mittagessen zu besorgen. Als ich wieder komme, lauert ein riesengroßer Haifisch vor unserer Höhle. So und jetzt erzähle ich dir meinen Plan: Du machst den Hai auf dich aufmerksam und lockst ihn zum Wasserstrudel. Ich werde in der Zeit meiner Familie helfen zu flüchten." „Nein! Dazu habe ich viel zu viel Angst!" „Bitte!", sagt Koko und Tränen kullern ihr über das Gesicht. „O.K.!", sagt Ingo.

Dann schwammen sie zusammen zu dem Ort, wo alles begann.
„Also", sagt Koko, „auf drei! Du weißt, was du zu tun hast?"
„Ja", sagt Ingo. Dann zählt Koko leise: „Eins ... zwei ... drei". Auf den Punkt stürmt Ingo auf den Hai zu und streckt ihm die Zunge raus.

Der Hai ist wütend und saust auf Ingo zu. Der aber schießt wie ein Pfeil durchs Wasser. Koko hilft der Familie, hinter einen Felsen zu flüchten. Dann guckt sie hoch zu Ingo. Da sieht sie, dass der Hai gerade sein riesiges Maul aufreißt und Ingo verspeisen will.

Doch da kommt sie angerast und schupst Ingo weg vom Maul des Hais. Jetzt wird der Hai noch wütender und saust auf Koko zu. Diese führt den Hai weiter zum Strudel – und tatsächlich, er wird hineingezogen. Ingo schreckt auf und sieht Koko vor sich.

„Was ist passiert?", fragt er. Koko sagt: „Der Hai wollte dich auffressen!" „Ah", schreit Ingo plötzlich, „Hilfe!" „Keine Sorge, er ist weg." „Uff!", stöhnt Ingo. „Aber jetzt müssen wir uns verabschieden", sagt Koko traurig. „Wieso?", fragt Ingo. „Ach, ich weiß es nicht. Aber wir werden uns wiedersehen", sagt sie und Ingo macht die Augen wieder zu.

Als er seine Augen wieder öffnet, liegt Ingo in seinem Bett.
Da kommt Mama herein. „Schau mal!", sagt sie und zeigt auf ein riesengroßes Paket. „Das ist für dich. – Der Arzt war schon da, nur eine leichte Grippe. Na ja, etwas heftiger ist sie wohl schon."

Dann verlässt sie das Zimmer. „Das Paket kannst du auspacken. Es ist für dich", sagt sie noch. Ingo macht es auf. Im Paket ist ein Aquarium. Und im Wasser schwimmt ein kleines Seepferdchen, das ausschaut wie Koko. „Hallo Ingo!", sagt es, „Koko?!", staunt Ingo. „Mhm", nickt das Seepferdchen.

Und jetzt wusste Ingo, was Koko mit „... wir werden uns wiedersehen ..." meinte.

Kinoabend mit Folgen

von Corinna & Carolin Pankratz und Mirjam Rombach

Lara und Lea sind Geschwister. Lara ist 10 Jahre und Lea ist 7 Jahre alt. Mama und Papa wollen heute Abend ins Kino gehen, das in Villingen ist. Sie wollen den Film „Verliebt in eine Hexe“ anschauen.

Die Eltern sagten zu Lara: „Du darfst noch bis um 10 Uhr aufbleiben, bis dahin sind wir wieder zurück.“ Lea maulte: „Und ich?“ „Ausnahmsweise darfst du auch so lange aufbleiben“, entschieden die Eltern. Nun waren beide zufrieden. „Tschüss!“, verabschiedeten sich die Eltern und gaben den Kindern noch einen Kuss. Dann gingen sie fort.

Komm, wir gucken ‚Biene Maja' an. Bitte!!!", bettelte Lea. „Nein! Das ist was für kleine Kinder. Wir gucken jetzt ‚Ice Age' an!", bestimmte Lara. „Okay, der ist voll cool", jubelte Lea.

Lara holte sich noch eine große Tüte Chips aus dem Vorratsraum. Dann setzten sie sich vor den Fernseher und warten gespannt auf den Film. Aber es kam nichts, weil sie den Videorekorder noch nicht angeschaltet hatten. Lara machte den Videorekorder an und setzte sich erwartungsvoll auf das Sofa, auf dem sich ihre Schwester bereits ausgebreitet hatte.

„Mach mal Platz da!", motzte Lara Lea an. „Immer musst du rummotzen!", gab diese zurück, machte aber doch Platz. Nun ging der Film ohne weitere Probleme los. In der Mitte des Filmes machte es plötzlich Chhhhzzzz chhhhhzzzzz chhhhhhzzzzzz chhhhhhhzzzzzzz neben Lara. Sie schaute sich um und sah, das Lea eingeschlafen war.

„Wie kann man jetzt nur einschlafen?", fragte sich Lara und trug Lea ins Bett. Als der Film fertig war, zog sie sich ihren Schlafanzug an und aß die restlichen Chips noch auf. Dann ging sie sich die Zähne putzen.

Es war bereits halb 11 und ihre Eltern waren noch nicht zurück. So langsam machte Lara sich große Sorgen. Wo ihre Eltern bloß blieben! Sie probierte ihre Eltern auf dem Handy anzurufen. Doch da war nur die Mailbox dran. Trotz allem ging sie ins Bett.

Aber sie konnte nicht einschlafen, was verständlich ist. Ihr wurde abwechselnd heiß und kalt. Auch nach einem Glas Wasser konnte sie sich nicht beruhigen. Lara schaltete das Radio ein, weil sie wissen wollte, ob in den Nachrichten schon etwas über ihre Eltern kam.
Die Verkehrsnachrichten kamen zuerst. Plötzlich sagte der Nachrichtensprecher etwas, was Lara aufhorchen ließ. „Auf der B 27 Villingen Richtung Donaueschingen 7 km Stau. Man braucht 2 Stunden, um durchzukommen. Bitte umfahren sie die Strecke weiträumig."

Dann schaltete sie das Radio aus, denn Lara hatte genug gehört. Danach schrieb sie ihren Eltern einen Zettel, der lautete:

Weckt mich, wenn ihr zurück seid! Lara

Jetzt konnte sie zufrieden schlafen gehen, denn es gab keinen Grund mehr, sich zu fürchten. Als die Eltern zurückkamen, fanden sie Laras Zettel und gingen in deren Zimmer. Dort fanden die Eltern Lara tief schlafend vor und sie einigten sich, dass sie Lara nicht wecken wollten.

Dann gingen die Eltern auch ins Bett. Am nächsten Morgen fragte Lara: „Warum habt ihr mich nicht geweckt?“ „Weil du tief und fest geschlafen hast, als wir nach Hause kamen“, antwortete die Mutter. Das verstand Lara und war froh darüber, dass ihre Eltern wieder da waren.

Pit und Tim im BÄRENfelsen

von Felix Danz

Es war einmal eine Familie: Vater, Mutter und zwei Brüder.

Eines Tages wollten Pit und Tim, die beiden Brüder, einen Ausflug in den großen Wald machen. Sie packten ihre Rucksäcke und dann gingen sie los. Als sie am Wald angekommen waren, sahen sie einen großen Wegweiser, wo drauf stand: Geradeaus zum Bärenfelsen, rechts zum Försterhaus, links zur Waldlichtung.

Tim sagte: " Komm, wir gehen zum Bärenfelsen." Pit sagte: „Das ist eine gute Idee.“ Und so gingen sie weiter. Auf einmal sagte Tim: „Ich kann schon einen großen Felsen sehen.“ Kurz danach standen sie vor einem riesigen Loch im Bärenfelsen. Es war sehr dunkel.

Tim nahm seine Taschenlampe und leuchtete in die dunkle Höhle. Plötzlich sahen sie einen großen Bären. Tim und Pit rannten schnell nach Hause und erzählten alles ihrem Vater und der Mutter.

Die verschwundene Brille

von Maximilian Schmidt, 7 Jahre

Es war einmal ein kleiner Igel. Und er heißt Iglo und er hat zwei Brüder und sie heißen Marko und Karl-Heinz. So, nun fangen wir an.

1. Kapitel: Iglo, der Detektiv

Eines Tages ging Iglo zu seinem Opa Fritzchen. Als er ankam, sagte Opa Fritzchen: „Du Iglo, kannst du mir meine Brille suchen?“ „Ja“, sagte der kleine Igel und er suchte und suchte vergeblich, nichts. „Oh“, sagte Iglo, da lag die Brille von Opa Fritzchen. Oh, oh, sie lag auf einem Stein im See und da sagt Iglo: „ Da kommt niemand ran.“ Da fiel ihm ein, dass er eine Angel hat. Er rannte, so schnell er konnte.

2. Kapitel: Er hat die Brille

Er nahm seine Angel. Die Brille lag noch da. Er warf die Angel aus und siehe da, er hat die Brille. Er angelte die Brille raus. Oh nein, sie fiel von der Angel. Sie fiel in den See. „Jetzt kann ich sie nicht mehr holen oder vielleicht doch? Ah, ich habe ja noch einen Freund, den Fisch. Der kann sie bestimmt aus dem See holen. Fischi, Fischi!!!“

„Ja, was ist?“, sagte der Fisch. Opas Brille ist in den See gefallen. Kannst Du sie mir herausholen?“ „Ja, wo liegt sie denn?“ „Sie ist in der Mitte des Sees.“ „Ich kann sie dir hochholen.“ Schnell schwamm der Fisch in die Mitte des Sees und tauchte ab. „Ich kann die Brille nicht holen, denn sie ist zu schwer.“

3. Kapitel: „Ich muss schwimmen lernen“, sagte Iglo, „aber wie soll das gehen?“

„Ich gehe am besten zu Marko. Der kann mir bestimmt helfen.“

Als er ankam, fragte er Marko, ob er ihm helfen könnte. „Nein, ich habe nur Holzfässer bei mir in der alten Schmiede. Geh in den Zoo, da kannst du Eliranti, den Elefanten, um Rat fragen.“

Eliranti gab ihm zwei Holzstämme zum Bauen. „Geh zu Huga, dem Affen!“ Huga gab nur ein bisschen Proviant. „Geh zu Parda, der kann dir helfen, der Jaguar.“ Parda gab ihm ein Jaguarfell. „Geh zu Pandibär, der kann dir vielleicht helfen.“ Pandibär gab ihm eine Pumpe.

Dann ging Iglo wieder zu Marko. Er ließ sich aus dem Holz ein U-Boot machen. „Das Fell vom Parda ist meine Decke, die Pumpe vom Pandibär ist mein Sauerstoff. Den Proviant vom Huga nehme ich zum Essen mit.“

Der ging zu Karl-Heinz, dem Lastwagenfahrer: „Bitte einmal U-Boot-Transport.“ „Aber natürlich!“, sagte Karl-Heinz. Als sie am See waren, legten sie das Boot vorsichtig ab.

Iglo setzte sich rein. „Halt!!!“, schrie Iglo. „Wie soll ich steuern? Ah!!! Ich gehe noch einmal zu Pandibär und lasse mir zwei oder vier Bambusstämme geben.“ Er kam mit vier wieder zurück. „Das eine Bambusrohr geht nach vorne und das andere auch. Die zwei anderen kommen nach hinten.“, erklärte Iglo. Gesagt, getan - und so schwamm Iglo raus und tauchte ab.

4. Kapitel: Zu dunkel

Als Iglo unten war, war es viel zu dunkel und man konnte überhaupt nichts sehen. Also konnte Iglo die Brille nicht nehmen. So oder so könnte er die Brille nicht herausfischen. Weil es zu dunkel war und wie sollte er die Brille greifen? „Ja, dann muss ich wieder nach oben.“, dachte Iglo. Iglo erzählte die Geschichte. „Ja, mmh, wie sollen wir das denn schaffen? Ich glaube, dass du noch mal zu Marko gehen musst.“, sagte Karl-Heinz.

5. Kapitel: Ich habe die Brille, Juchuhh!

Als er bei Marko ankam, erzählte er die ganze Geschichte. „Ich kann dir nur eine meiner Zangen geben“, sagte Marko. „Ja, ich nehme die größere Zange.“, sagte Iglo. „Hier hast du sie.“ Damit ging Iglo wieder zum See.

Heinz Fritzchen war da schon wieder weg. „Dann muss ich es wohl alleine in den See schieben“, dachte Iglo und als er unten war, knipste er seine Taschenlampe an und streckte die Zange aus. Tja, war wohl immer noch ein bisschen zu dunkel. Aber weil Iglos Taschenlampe gut leuchtete, konnte Iglo sich mit seinen Augen schnell an die Dunkelheit gewöhnen.

Da glänzte etwas am Rande des Seebodens. „Ob das die Brille von Opa sein mag?“, überlegte Iglo. Er griff mit der Zange und nahm es zu sich. Er leuchtete mit der Taschenlampe auf das Etwas. Nein, es waren hundert Euro. Die Brille war verschwunden. Aber mit den hundert Euro konnte Opa sich eine neue Brille kaufen.

Er stieß sich mit den Bambusrohren wieder nach oben und er paddelte sich an Land und rannte so schnell ihn seine kleinen Igelbeine trugen zu Opa und sagte: „Hier Opa, habe ich 100 Euro auf dem Grund des Sees gefunden. Damit kannst du dir eine neue Brille kaufen, weil die Brille habe ich leider nicht finden können, weil sie vermutlich in eine Seegrotte gefallen ist. Und ich traute mich nicht rein.“

Wumm, die Tür von Opa Fritzchen wurde mit einem gewaltigen Schlag aufgedonnert und ein kleiner Krebs kam mit Opas Brille hinein und sagte: „Hier ist die Brille.“ Und alle lachten und der Krebs mit.

Schneeflocke

von Melissa Strobel

Louisa ist 11 Jahre alt. Zu ihrem 11. Geburtstag bekam sie eine weiße Isländerstute. Sie war ein sehr schnelles Rennpferd. Schneeflocke, so nannte Louisa die Stute, war viele, viele Rennen galoppiert und hatte entweder gewonnen oder war auf den zweiten Platz gekommen. Louisa hatte Schneeflocke sehr lieb.

Eines Tages bekamen Louisas Eltern eine Einladung für ein weltberühmtes Pferderennen. Auch Louisa sollte daran teilnehmen. Mit Schneeflocke natürlich! Beide trainierten nun jeden Tag für das Rennen. Papa und Mama halfen ihr nicht. Sie wussten auch gar nicht, wie schnell Schneeflocke war.

„Papa, ich glaube, wir sind jetzt ziemlich schnell. Jeden Tag haben wir trainiert. Heute musst du mal die Zeit stoppen. Ich bin gespannt, wie lange ich brauche!“, sagte Louisa zu ihrem Papa. „Na gut! Hopp auf die Rennbahn! Bereit? LOS!“, rief ihr Papa.

Schneeflocke galoppierte los, als wäre ein ganzes Rudel Wölfe hinter ihr her. Louisas Papa staunte. Ihm blieb der Mund offen stehen. Nie hätte er gedacht, dass Schneeflocke so schnell ist. Plötzlich rief jemand hinter ihm: „Und? Wie lange haben wir gebraucht?“ Louisas Papa drehte sich um. Hinter ihm stand Louisa mit Schneeflocke.

„Was? Oh, ich habe vergessen zu stoppen. Tschuldigung!“ Er war ganz verwirrt. „Das kann doch nicht sein“, dachte er auf dem Rückweg. „Gerade eben war sie doch noch am Start gewesen und bums, stand sie am Ziel.“ „Wow! Dein Pferd ist ja so schnell wie ... wie ... wie Silberpfeil!“, staunte ihr Papa. „Silberpfeil? Wer ist das?“, fragte Louisa. Ihr Vater antwortete ihr sofort. „Silberpfeil ist das schnellste Rennpferd. Er wird auch am Rennen teilnehmen. Aber du wirst ihn schlagen bei dem Tempo!“

Silberpfeil ist ein brauner Wallach. Er gehört Sahra, die einen sehr reichen Vater hat. Deshalb ist sie auch ein wenig eingebildet. Sahra denkt immer, sie wäre die Beste. Auch sie trainiert mit ihrem Pferd jeden Tag. Um alles in der Welt will sie gewinnen!

Es ist soweit! Schneeflocke wird verladen und alle steigen in das blaue Auto. Louisa war schrecklich aufgeregt. In ihrem Bauch kribbelte es unaufhörlich. Während der Fahrt dachte sie nach, was alles passieren könnte: „Ich könnte vom Pferd fallen, Schneeflocke könnte lahmen ...!"

Ihr Papa riss sie aus ihren Gedanken. „Wir sind da! Los, aussteigen, Pferde satteln, trensen und dann warmreiten!“ Auf dem Reitplatz begegnete Louisa Sahra mit Silberpfeil. „Hallo, du kleiner Zwerg! Du willst doch nicht etwa an dem Rennen teilnehmen?“, fragte Sahra. „Doch, will ich! Schneeflocke ist sehr schnell, ich habe gute Chancen!“, sagte Louisa. „Gute Chancen?! Pah, so lange ich da bin, hat niemand eine Chance! Und jetzt hau ab, du hast hier nichts zu suchen!“
Mit diesen Worten ließ Sahra Louisa stehen.

Jetzt aber ging es erst einmal an die Startboxen. „Auf die Plätze! Fertig! LOS!“, rief der Mann am Mikrophon. Alle Pferde stürmten nach draußen und Schneeflocke war vorne. Doch da kam Silberpfeil und überholte. Aber Louisa trieb ihr Pferd an, so dass sie nun Kopf an Kopf über die Rennbahn jagten. Noch 10 m, dachte Louisa. Sie trieb Schneeflocke an. Schneeflocke überholte Silberpfeil und galoppierte als Erste ins Ziel.

„Siegerin ist Louisa auf ihrer Islandstute Schneeflocke!“. Ein donnernder Applaus folgte. Louisa strahlte, als die Jury ihr den Pokal überreichte. Sie war glücklich. „Zweiter Platz: Sahra auf ihrem Isländerwallach Silberpfeil!“

Als Sahra ihre Medaille bekommen hatte, schaute sie Louisa an und sagte: „Denk bloß nicht, du könntest mich jetzt einschüchtern! Wir werden ja sehen, wer beim nächsten Mal gewinnt!“ Dann ritt sie hocherhobenen Hauptes davon.

Aber Louisa ließ sich nicht einschüchtern, denn sie wusste, dass Schneeflocke sie nicht im Stich lassen würde. „Schneeflocke“, flüsterte Louisa, „meine kleine Isländerstute. Ich bin so stolz auf dich! Hast du mich auch so lieb, wie ich dich?“ Schneeflocke wieherte leise und schmiegte sich eng an Louisa, was so viel bedeutete wie ‚JA’.

ich habe die Geschichte geschrieben, weil ich Pferde mag. ich hoffe, die Geschichte gefällt Euch!

Der gelbe Buntstift

von Natalie Gehrmann

In der Federmappe von Wilma waren viele Stifte. Keiner der Stifte war angespitzt. Wilma war das egal.

Ein gelber besonders stumpfer Stift hätte sich gerne beschwert.
Er war tief beleidigt, weil Wilma ihn nie anspitzte.

Eines Tages kam ein neuer Radiergummi zu ihm in die Mappe.
Er sagte: „Du darfst dir etwas wünschen.“ Dies tat der gelbe Stift dann auch. Er wünschte sich immer angespitzt zu sein.

Von nun an war er der glücklichste Stift auf der ganzen Welt.

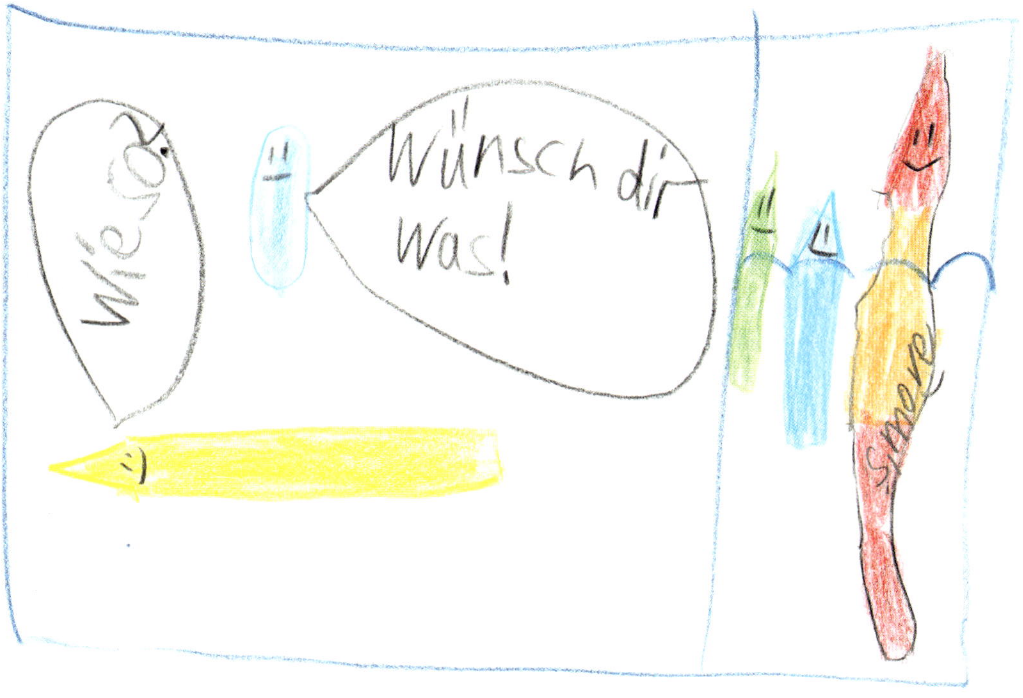

Der ZauberWald

von Saskia Weiss

Ein Junge namens Björn hatte einen sehr, sehr alten Großvater, der gerne Schätze suchte. Eines Tages, als er bei seinem Opa war, sagte sein Opa zu ihm: „Nächste Woche ist Vollmond, da musst du um zwölf Uhr Mitternacht in den verzauberten Wald gehen und den Schatz suchen. Ich bin dafür schon zu alt."

Mittwoch Mitternacht weckte ihn der Großvater und sprach: „Aufstehen, aufstehen, es ist soweit, es ist Vollmond. Du brauchst nichts mitzunehmen, alle Hilfsmittel würden nur die bösen Geister anlocken, die es dir sicherlich wegnehmen. Vielleicht verschleppen sie dich und du kommst nie mehr raus. Ich kann dir dann nicht helfen, ich bin dafür zu alt." „Na gut", murmelte Björn. „Pass auf, dass du nicht den schwarzen Zauberer triffst! Er haust am Rande des Waldes", ermahnte ihn der Großvater.

Dann ging Björn runter, zog seine Jacke an und verabschiedete sich leise vom Opa, dem großen Wissenschaftler.

Der Junge ging zu dem Wald, von dem der Großvater gesprochen hatte. Der Wald sah gruselig und schaurig aus, Björn zitterte und hatte Angst. Er ging hinein und sah etwas Schwarzes vorbeihuschen: Es war der schwarze Zauberer.

Trotzdem ging er weiter und weiter, tiefer und tiefer. Da kam er in die Nähe einer Lichtung, dort sah er ein Feuer und viele Zauberer. Daraufhin lief Björn schnell woanders hin. Da und dort in den Bäumen sah er Gesichter und dort eine Schatztruhe. Er öffnete sie, aber es war kein Boden, sondern eine Leiter.

Dann stieg er die Leiter hinab in einem gemauerten Gang. Diesen ging er entlang bis zu einer Abzweigung. Dort am Ende war ein kleiner Raum, in dem er sich auf dem Stroh eine Weile ausruhte.

Er tastete sich zum vorherigen Gang und folgte ihm weiter. Hin und wieder flog eine Fledermaus vorbei. Er dachte bei sich: "Komm ich hier jemals irgendwo an und wo, wo werde ich ankommen, falls ich überhaupt irgendwo ankomme."

Nun kam er an eine Fackel, die eine Schrift anleuchtet. Er las: „Mitte des Vollmondtunnels." Großvater hatte ihm erzählt: Das bedeutet, dass man solange darin läuft, bis wieder Vollmond ist.

Nach einigen Kilometern sah er wieder eine Fackel. An der Wand war wieder zu lesen: „Ende des Vollmondtunnels". Jetzt war wieder Vollmond! Da erblickte er das Ende des Tunnels, das sich nach oben öffnete. Er lief hinaus und sah ein Schloss.

Björn ging hinein und stieg einen hohen Turm hinauf, der halb im Gestein war. Oben ging er zu einem hellen Raum, in dem eine Truhe stand.

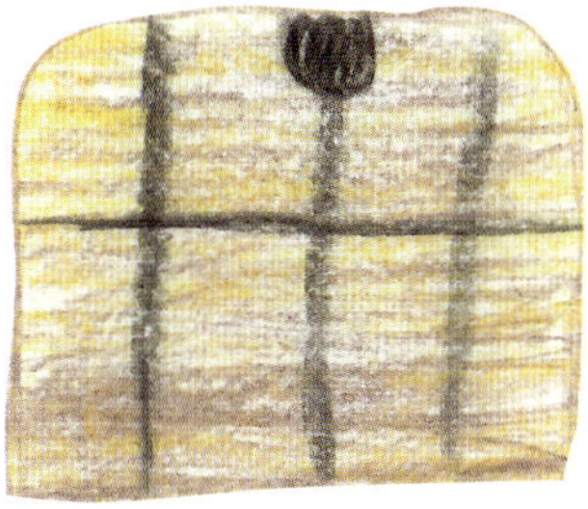

Der Junge öffnete sie und in derselben Sekunde sprang der schwarze Zauberer aus einer verborgenen Nische in der Wand. Dieser sah aber älter aus und sagte: „Danke, dass du mich befreit hast, ich bin der ältere schwarze Zauberer. Der jüngere meiner Art hat mich eingesperrt.

Ich bin nett, er aber nicht, er wollte nicht nett sein, er fand es doof. Dafür werde ich dir helfen, indem ich deinen Opa herzaubere und den Schatz sehen lasse. Dir werde ich mit meiner Glücksmedaille danken und euch beide mit deinem Schatz und deinem Opa zurückzaubern."

Das tat er auch. Oma und Opa waren stolz auf ihren Jungen, der das alles für seinen Großvater gemacht hatte.

Die Bilder zu dieser Geschichte stammen von Katharina, 8 Jahre; Noa, 7 Jahre; Alica, 9 Jahre; Mia, 7 Jahre; Bero, 10 Jahre; Juliette, 6 Jahre und Celine, 7 Jahre aus einem Malwettbewerb zum Thema Zauber und Magie.

Das verrückte WEIHNACHTSfest

von Tobias Randeu

An einem düsteren Dezemberabend flackerten die Lichter der Straßenlaternen nur sacht und leuchteten dennoch in das Dachzimmer, das Timmi bewohnte.Er war ein sehr armer Junge, denn seine Eltern waren arbeitslos. Seine Familie konnte sich nicht leisten, Timmi in die Schule zu schicken.

Timmi hatte sehr viele Haustiere: Zwei Hunde, eine Katze, drei Hamster und die übrigen Mäuse und Ratten, die mit ihm und seiner Familie das alte Haus bewohnten. Die Tiere waren ihm zugelaufen.

An diesem Abend saß der Junge ganz traurig und verlassen in seinem Dachzimmer. Er dachte über die Worte seiner Mutter nach. Sie hatte gesagt, dass seine Familie sich heuer kein Weihnachtsfest leisten könne. Die Haustiere hatten natürlich Mitleid mit ihm und beschlossen, ihm zu helfen.

Die Hamster wurden beauftragt, so viele Nüsse wie möglich vom alten Obsthändler zu klauen. Die Mäuse sollten Stroh und Holzspäne besorgen. Die zwei Hunde mussten ein gefälltes Bäumchen beschaffen und die Katze wollte inzwischen den alten Keller vorbereiten. Leider hatten die Tiere erst nach dem Mittagessen begonnen und sie mussten schon alles bis zum Abend besorgt und vorbereitet haben.

Nach drei Stunden kamen die Hunde mit einem Bäumchen zurück, das die Katze gleich mit bunten Tennisbällen behängte. Eine halbe Stunde später kamen die Hamster an. Sie hatten aber alle Nüsse zerkaut und spuckten nur noch Schalen aus. Nun wurden sie erneut geschickt, diesmal aber mit Säcken, in die sie die Nüsse füllen sollten.

Als die Mäuse eine Stunde vor dem Fest noch nicht da waren, beschloss die Katze, sie zu suchen.

Da traf sie die Elster, die ihr erzählte, dass eine Maus in den Gully gefallen war. Und alle anderen ihr nachgestürzt seien, um ihrer Gefährtin zu helfen. Hochgekommen seien sie aber nicht mehr. Also besorgte die Katze das Stroh und die Holzspäne selber.

Den Hunden fiel noch ein, dass ein Weihnachtsfest ohne Kerzen nichts wert war und so liefen sie schnell, welche zu beschaffen. Die Hamster waren als erste wieder da und legten die Nüsse hin. Gleich darauf traf die Katze ein. Sie verstreute sorgfältig das Stroh unter dem Bäumchen. Die Hunde trudelten fünf Minuten später ein – sie zündeten die mitgebrachten Kerzen sofort an. Nun wurde alles noch schön verteilt.

Ein Hund lief zu Timmi hinauf und zerrte ihn am Hosenbein hinunter in den Keller. Als Timmi unten ankam, klappte ihm die Kinnlade herunter. Er staunte nur und sagte eine Weile nichts mehr. Dann rief er seine Eltern und denen erging es genauso.

Die Tiere begannen in der Melodie von „O Tannenbaum“ zu bellen, zu schnurren und zu piepsen. Timmi und seine Eltern sangen eifrig mit. Plötzlich piepste noch jemand außer den Hamstern. Etwas bewegte sich unter dem roten Teppich, der auf dem Gully lag.

Und dann marschierte eine ganze Mäuseparade darunter hervor. Alle waren in rote Gewänder gekleidet und hatten schwarze Zylinder auf. Der Anführer der Truppe hatte einen goldenen Stab in der Hand, die anderen Mäuse machten auf Holzröhrchen und umgedrehten Blechdosen Musik.

Ganz am Ende kam eine Horde Weihnachtsmänner und Engel unter dem Teppich hervor. Alle kletterten auf den Weihnachtsbaum und schlüpften in die Rollen verschiedener Weihnachtsfiguren. Jeder im Raum war höchst erstaunt und Timmi freute sich mehr denn je.

Der Junge stürmte auf die Tiere los und umarmte sie ganz fest. Alle freuten sich und waren rundum glücklich. So ein Weihnachtsfest wünschte sich wohl jeder.

Gleich am nächsten Tag bekamen Timmis Eltern die bestbezahlte Arbeit in der Stadt. Der Junge konnte bald zur Schule gehen und das baufällige Haus wurde eiligst repariert.

So lebten Timmi, seine Eltern und ihre Haustiere glücklich und zufrieden unter einem neuen Dach.

Das Tagesplanlied

von Irina Kämper, 8 Jahre

Ich habe einen Tagesplan
nur für mich.
Der ist nicht für andere,
der ist nicht für dich.
Bett aufräumen,
lange träumen,
Ponys füttern,
Blatt zerknüttern,
Haare schneiden,
Kuh antreiben,
Juhuhuhurra!
Dann kommt meine Omama.

BURKINA FASO

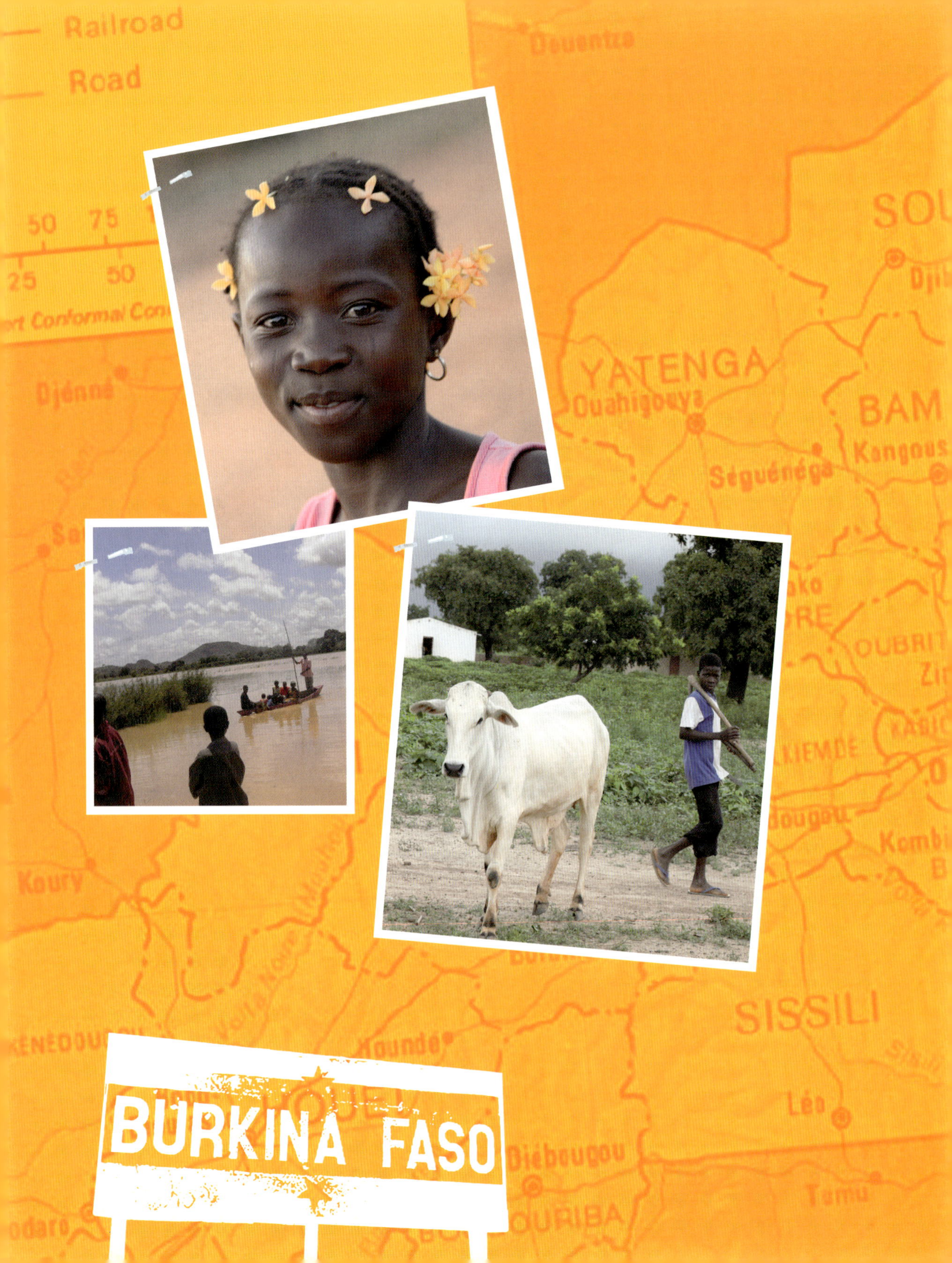

Teil 2

Kinder-Geschichten aus Afrika

Liebe Kinder,

hier sitze ich schwitzend und schreibe die Erklärung zu diesem Buch für Euch. Draußen sind es 48 Grad Celsius, dabei ist es erst 9.00 Uhr morgens.
Es ist nicht so schwer zu raten, wo ich wohne! **Ich wohne in Afrika!** Ich wohne am Rande der Wüste in einer großen Stadt zusammen mit **300 Kindern**.
Die meisten von ihnen haben keine Mutter und keinen Vater, **darum bin ich ihre Mama geworden.**
In diesem Buch, das Ihr in der Hand haltet, stehen viele Geschichten, die meine afrikanischen Kinder für Euch in Deutschland geschrieben haben.

Es gibt nur wenige Unterschiede zwischen ihrem und Eurem Leben.
Schule ist wichtig! Meine Kinder gehören hier aber zu den Ausnahmen, denn in diesem afrikanischen Land **Burkina Faso** können 87 % aller Menschen gar nicht lesen oder schreiben, weil es hier Geld kostet, zur Schule zu gehen.
Aber die meisten Menschen hier sind sehr arm.

Stellt Euch einmal dies Kuddel-Muddel vor! In vielen Familien ist es andersrum als in Deutschland: **Es sind die Kinder, die ihren Eltern alles vorlesen müssen!**
Der Vater z.B. kann keine Zeitung lesen und weiß gar nicht, was in der Welt passiert. Die Mutter muss alle Kuchen-Backrezepte im Kopf haben, denn aufschreiben kann sie sie nicht. Wenn Kinder krank sind, müssen bestimmte Zeichen auf die Medikamentenschachteln gemalt werden, sonst kriegen die Babys aus Versehen eine Überdosis an Tabletten.
Die große Schwester, die auf dem Markt arbeitet, ist schon 18 Jahre alt und muss das Wechselgeld einzeln an ihren Fingern abzählen – wie peinlich.
Der große Bruder, der Tischler lernt, kann den Schrank nicht bauen, weil er die Maße nicht aufschreiben kann. Der kleine Bruder wird ein Straßenjunge und geht betteln und klauen, weil er mit seiner Zeit nichts Besseres anfangen kann.
Die kleine Schwester lernt nur fegen, waschen und Feuerholz suchen. Sie heiratet dann irgendwann und kann wie ihre Großmutter das Rezept für ihr krankes Kind auch nicht lesen.
Ist das nicht ein Skandal? Ein ganzes Volk, das nichts dazulernen kann, da das Schulgeld fehlt? **Da muss doch was zu machen sein!**

Von meinen 300 Kindern hier in Afrika gibt es ganz viele intelligente Schüler. **Sie brauchen eine Chance** und bei uns heißt diese Chance Schulgeld. Die meisten Familien sind arm. Sie können nur ihre kleinen Felder bewirtschaften und leben dann das ganze Jahr von ihrem Mais oder ihrer Hirse. Schulgeld ist da einfach nicht übrig!

Von 5 Kindern darf vielleicht eines zur Schule gehen. Das reicht doch nicht! **Bitte helft uns und gebt uns Schulgeld**, damit auch die Kinder hier, wenn sie groß sind, ihre eigenen Kinder wieder zur Schule schicken können. Noch ist Burkina Faso das drittärmste Land der Welt, das wollen wir aber auf keinen Fall bleiben!

Abgesehen von diesem Problem sind wir aber sehr fröhlich. **Arm sein heißt nicht traurig sein.** Hauptsache, es gibt was zu essen, das ist natürlich immer das Wichtigste. In Europa kommt Ihr von der Schule nach Hause und fragt Eure Mutter: **„WAS gibt es zu essen?“** Hier fragen die Kinder ihre Mutter: **„GIBT es was zu essen?“** Das ist der Unterschied zwischen den Kontinenten, aber wir beklagen uns nicht.

So, nun wünsche ich Euch **viel Spaß mit den afrikanischen Geschichten!**

Eure
Katrin Rohde
aus Ouagadougou

Der betrogene Teufel

von Bougsaré, Andrea

Es war einmal ein Bauer. Als er gerade mit seinem kleinen Esel sein Feld pflügte, kam der Teufel mit allen seinen kleinen Unterteufeln vorbei.

Er sagte: „Das ist mein Feld, es gehört dir nicht!“ „Tut mir leid“, sagte der Bauer, „aber meine Familie und ich müssen schließlich was essen!“ „Oho“, rief der Teufel, „ab sofort wird geteilt. Du gibst mir nach der Ernte alles, was unter der Erde wächst, was darüber wächst, kannst du behalten.“

Der Bauer war schlau und säte Hirse. Nach der Ernte verkaufte er die Kolben auf dem Markt und gab die Stängel seinem kleinen Esel als Futter.

Für den Teufel blieben die Getreidewurzeln, und als er versuchte, sie auf dem Markt zu verkaufen, wurde er von allen anderen Bauern ausgelacht.

„Oho“, rief der Teufel wieder, „so geht es nicht. Du hast mich betrogen! Dafür räche ich mich, nächstes Jahr gibst du mir alles, was über der Erde wächst, wir machen das Gegenteil!“

Wieder war der Bauer klug und mutig, denn er setzte Kartoffeln. Nach der Ernte verkaufte er sie teuer auf dem Markt.
Der Teufel kam mit allen seinen kleinen Unterteufeln und erntete die Kartoffelblätter, aber als er damit auf den Markt ging, platzten alle vor Lachen.

Der Bauer sagte ganz ruhig: „Ich habe mein Wort gehalten, was hast du bloß?“ Wie war der Teufel nur wütend! Er verschwand samt aller Unterteufel in einer roten stinkenden Wolke und wurde nie mehr gesehen!

Christ oder Muslim?

von Nikiema, Asmao

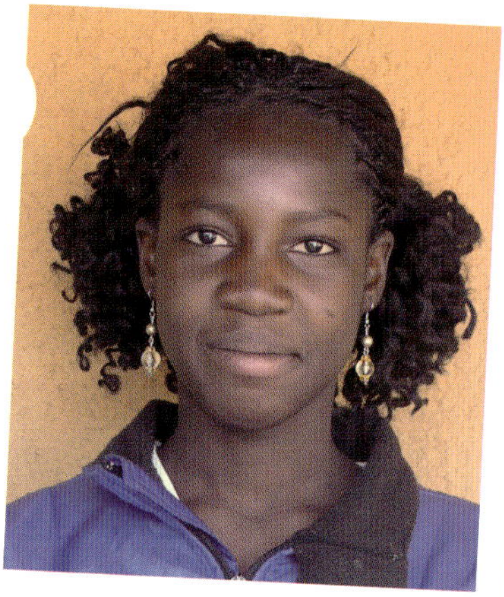

Hier bei uns in Burkina Faso in Afrika verstehen wir gar nicht, warum in den Nachrichten jeden Tag schreckliche Dinge über die Islamisten gesendet werden.

Wir alle sind überzeugt davon, dass diese Terroristen nichts mit unserem friedlichen Glauben zu tun haben, es müssen große Lügner sein. Hier leben alle Religionen freundlich miteinander als Nachbarn und als Freunde.

Meine Tante hat als Muslimin einen Katholiken geheiratet, ihre Kinder dürfen sich aussuchen, welcher Religion sie folgen. Wir grüßen einander vergnügt mit „Hallelujah“ und „Salamualeikum“ und lassen jedem die Freiheit zu beten, wie er selbst möchte.

Ich, Asmao, gehe zum Beispiel auf eine katholische Schule, obwohl ich Muslimin bin, aber die Schule ist die beste in der Stadt, und ich will ja später Ärztin werden. Da muss ich supergute Zeugnisse haben!

Mein Vater, ein Muslim, der fünfmal am Tag betet, findet das auch wichtig, darum schickt er mich dorthin. Bei uns hier tragen die Frauen bunte Schleier, solche schwarzen Mäntel wie in Arabischen Ländern gibt es nicht.

Es gibt ein Sprichwort: Gott ist Wasser, ob du das aus einem Glas oder aus einem Eimer trinkst, ist ganz egal.

Aber nun muss ich eilen, der Ausrufer der Moschee, genannt Muezzin, ruft zum Abendgebet. Meine katholische Freundin Nene, die mich gerade besucht, kommt zur Gesellschaft mit, ich leihe ihr schnell einen Schleier.

Das ist echte Freundschaft!

Windpocken im Waisenhaus

von Tiendrebeogo, Amsetou

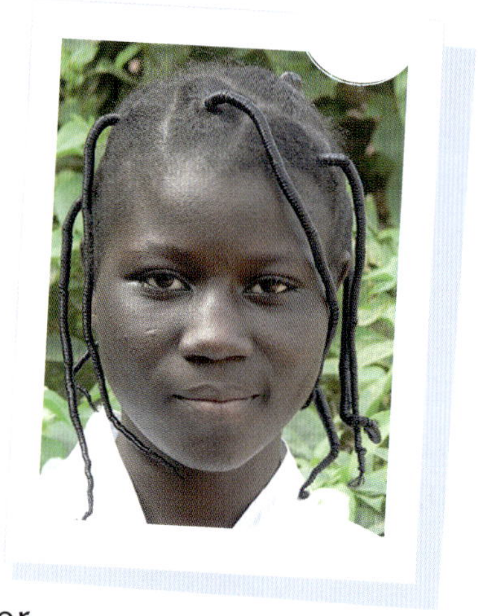

Vor gar nicht allzu langer Zeit hatten wir eine wahre Windpockenepidemie, die fast alle Kinder befiel. Eines schönen Morgens erwachte einer der Jungen mit vielen roten Punkten auf dem Gesicht und den Armen. Nur einige Tage später war die Hälfte aller Jungen krank. Unser Krankenzimmer wurde zu klein und wir mussten die Kranken auch in unseren Hütten unterbringen.

„Da seht ihr mal“, sagte ein Erzieher, „das kommt davon, wenn man zuviel Fernsehen sieht.“ Als es den Jungs nach einigen Tagen besser ging, bekam derselbe Erzieher auch die Windpocken.

Alle mussten über ihn lachen: „Wir wussten ja gar nicht, dass Sie in Ihrer Freizeit so viel Fernsehen schauen.“

Bei uns Mädchen sagte die Erzieherin, dass es der Dreck sei, der Windpocken hervorrufe, und dass wir uns besser waschen sollten. Diese Erzieherin erwischte es auch und sie musste einige Tage zu Hause bleiben.

„Was hatten Sie denn?“, fragten wir, als sie zurückkam. „Na ja, es waren die Windpocken.“ Wir lachten und fragten sie: „Na, ist Ihnen die Seife ausgegangen?“

Ich verdiene mir mein SchulGELD

von Nikiema, Souleyman

Hier bei uns in Afrika muss man Geld bezahlen, wenn man in die Schule gehen will, obwohl die meisten Familien sehr arm sind!

Alle Schüler versuchen, in den Ferien was dazuzuverdienen. Darum ist die Stadt voll von kleinen Jungs mit 8 oder 9 Jahren, die sich aus kleinen Pappkartons einen Bauchladen bauen.

Das habe ich auch gemacht und dann habe ich meinen Onkel so lange genervt, bis er mir 4 Euro lieh. Damit habe ich Papiertaschentücher, Bonbons und Kaugummi gekauft. Ich fand eine Schnur im Müll und band mir den Kasten um den Hals. Ganz schön schwer!
Aber fertig war mein kleines Geschäft.

Nun zog ich los und machte erstmal die Runde bei meinen vielen Tanten. Die erste kaufte Papiertaschentücher für 15 Cent, da hatte ich schon mal 5 Cent Profit.

Dann traf ich ein paar Bauarbeiter, sie kauften Bonbons, Kinder kauften Kaugummis. Am Abend konnte ich meinem Onkel den ersten Euro zurückzahlen und hatte 50 Cent Profit.

Nun wurde ich richtig wild aufs Verkaufen, aber abends taten mir immer die Füße sehr weh. Manchmal musste ich auch mit anderen Jungen kämpfen, weil sie meinten, ich nehme ihnen ihr Verkaufsgebiet weg.

Am Ende der Ferien hatte ich aber keine Schulden mehr und konnte von den 15 Euro Schulgeld für die 3. Klasse immerhin 9 Euro selbst bezahlen. Da meine Mutter Witwe ist und 5 Kinder hat, war sie froh und auch sehr stolz auf mich.

Aber nächstes Jahr verkaufe ich Saft in Tüten, das bringt mehr Profit!

ich mache gebackene Bananen selbst

von Ouedrago, Amedé

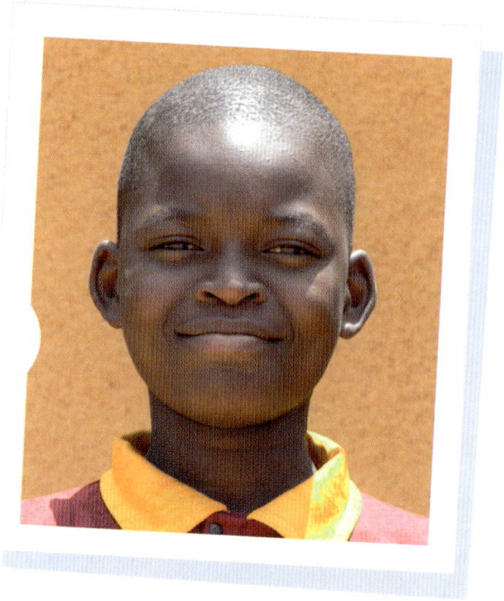

Von meiner kleinen Schwester habe ich es gelernt: Erstmal gehe ich auf den Markt und kaufe Kochbananen. Die sind viel größer als die üblichen Bananen; am besten schmecken sie, wenn ihre Haut schon ganz schwarz und verdorben aussieht.

Zu Hause schneide ich sie in Scheiben und wälze sie in Mehl. Ich mache Öl ganz heiß, das ist der schwierigste Teil, denn ich muss aufpassen: Wenn ich die Bananen hineingebe, kann das Öl spritzen und das tut weh.

Aber alles geht gut, sie kommen knusprig und braun auf den Tisch.

Im Rest vom Öl brate ich nun eine kleine zerschnittene Zwiebel, zwei Tomaten und Knoblauch mit Salz und Pfeffer. Wenn am Schluss noch ein kleiner Teelöffel Essig dazu kommt, ergibt das eine prima Soße.

„Oh wie lecker“, stöhnt meine kleine Schwester vor Glück und hält sich den Bauch, „Du kannst es ja schon besser als ich! Bitte koche das morgen doch mal für die ganze Familie!“

Na Mahlzeit! Auf unserem Hof leben wir mit 32 Personen, das hat man nun davon!

Der BAOBAB, auch Affenbrotbaum genannt

von Yameogo, Steven

Dies ist ein ganz besonderer Baum, der nur bei uns in der trockenen Savanne wachsen kann. Er kann bis zu 20 m hoch werden, sein Stamm kann 9 m Durchmesser haben! So ein großer Baobab speichert 120 000 Liter Wasser, er ist der älteste Baum der Welt.

Auf unserer Farm steht einer, der ist 600 Jahre alt, sagen die Leute.
Und natürlich sagen sie: Das ist ein Geist. Nachts kann er umhergehen, das kann man hören, wenn man in der Hütte schläft. Und darum soll man nachts auch nicht draußen spazieren gehen, das kann gefährlich werden, der rennt einen glatt über den Haufen!

Wir nutzen seine Blätter, um daraus Soße zu machen. Aus der Rinde machen wir Seile. Wenn die großen harten Früchte reif sind, klettern wir hoch und holen sie uns, denn darin ist ein gelbes Pulver, reines Vitamin C, daraus machen wir Saft.

Am tollsten sieht er in der untergehenden Sonne aus, riesig, schwarz und gefährlich. So richtig afrikanisch!

Die REGENzeit

von Nikiema, Aziz

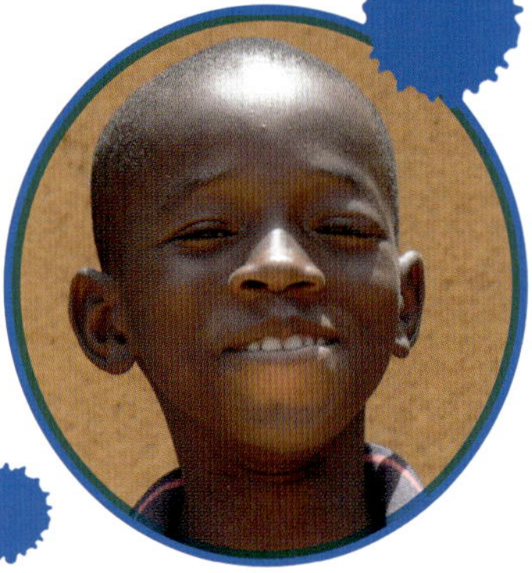

Fast 9 Monate lang fällt in unserem Land Burkina Faso gar kein Tropfen Regen. Ich selbst kann nie verstehen, warum gerade zum Ende dieser Zeit die großen saftigen Mangos zu Tausenden an den Bäumen hängen. Es gab doch nur Staubwind und keinen Regen, keinen Nebel, keinen Tau am Morgen, und unsere Flüsse führen seit langer Zeit kein Wasser mehr, wo kommt diese Frucht voller Saft nur jetzt her? Oh, wie sind die Mangos lecker!

Nach diesen vielen trockenen Monaten haben wir es satt, jeden Tag den Sand der Sahara zwischen den Zähnen zu zerknirschen. Der Staub macht die Computer und CD-Player kaputt, er dringt in Schubladen und Schränke ein.

Auch wenn wir uns abends gut waschen, sehen wir 10 Minuten hinterher schon wieder aus wie Geister, voller grauem Staub überall. Außerdem ist es zum Ende der Trockenzeit so heiß, dass wir leicht Spiegeleier auf den Autos braten können: nämlich 48 Grad! Hitzefrei gibt es aber nie!

Das Wasser wird knapp. Die armen Leute müssen es per Eimer an den Pumpen kaufen, und der Preis verdoppelt sich! Die reichen Leute dürfen nicht mehr ihre Autos waschen oder ihre Swimmingpools auffüllen. Alle beten in den Moscheen und Kirchen um Regen, denn wenn er jetzt im Juni nicht kommt, können die Bauern ihre Saat nicht ausbringen und dann gibt es eine Hungerkatastrophe.

Und dann passiert es: 18 Gewitter gleichzeitig prallen aufeinander, der Regen knallt in Massen auf die Blechdächer. Drinnen müssen wir schreien, um uns zu verständigen! Viele Lehmhäuser zerschmelzen bei der Wucht des Regens, und danach ist die ganze Stadt hüfthoch unter Wasser, viele Dörfer sind nicht mehr zu erreichen. Alle bleiben erstmal zu Hause vor Angst, denn wer kann schon schwimmen in einem Land ohne Wasser?

So geht es alle paar Tage einen Monat lang, und dann hat es sich eingeregnet, sanft und stetig fällt der Regen, alles wird grün, an den vielen Staub denken wir gar nicht mehr.

Die Erde spuckt das Wasser aus, das sie vorher trank, die Flüsse füllen sich, die wunderbarsten Vögel erscheinen dann bei uns zu Gast: Weiße Ibisse, riesige Marabous, Enten und knallrote winzige Senegalfinken fühlen sich bei uns wieder wohl. Die Familien sind täglich auf dem Feld mit ihren kleinen Hacken, Hirse und Mais und Erdnüsse wachsen so schnell, da muss jeden Tag Unkraut gehackt werden.

Wir Kinder machen die selbstgebauten Angeln klar, mit Regenwürmern fangen wir die schönsten Fische!

Die Schnürsenkel

von Traoré, Mohammed

Gestern Nacht hatte ich einen verrückten Traum: Ich aß eine ganze Schüssel Spaghetti auf, das ist mein Lieblingsessen.
Komisch, diesmal wollten sie nicht so recht in meinen Magen rutschen, das kenne ich sonst gar nicht.
Als ich aufwachte, wollte ich meine Sportschuhe anziehen, und richtig: Die Schnürsenkel fehlten!
Die muss ich in der Nacht, ohne es zu wissen, verspeist haben!

Die verpasste PRÜFUNG – eine Lügengeschichte

von Zoungrana, Seni

Paul war faul! Er tat nichts für die Schule, ging sich amüsieren und schlief immer schön lange aus und kam zu spät. Nun aber sollte er am Montagmorgen eine wichtige Prüfung haben, und am Sonntagmittag merkte er, dass er noch nichts im Kopf hatte.

Er entschied sich, die restliche Zeit bis Montag dem Lernen zu opfern. Zu Hause fing er an, aber dann wurde es dunkel. Seine Eltern hatten zu Hause keinen Stromanschluss, denn sie waren arm.

So ging er zur großen Durchgangsstraße in der Stadt, dort gab es Bogenlampen.

Er ging immer die Straße entlang, mit seinem Buch in der Hand. Er lernte und lernte, und als er den Kopf hob wurde es gerade hell.

E r sah ein großes Schild mit der Aufschrift: Welcome to Ghana.

Träumte er? Er fragte einen Polizisten, der in der Nähe stand, aber es war wahr! Er war 200 km gelaufen. Er sprang drei Meter hoch und brüllte: „Hilfe! Wo ist der nächste Bus nach Ouagadougou?“

Zur Prüfung kam er leider zu spät.

Auf dem Markt

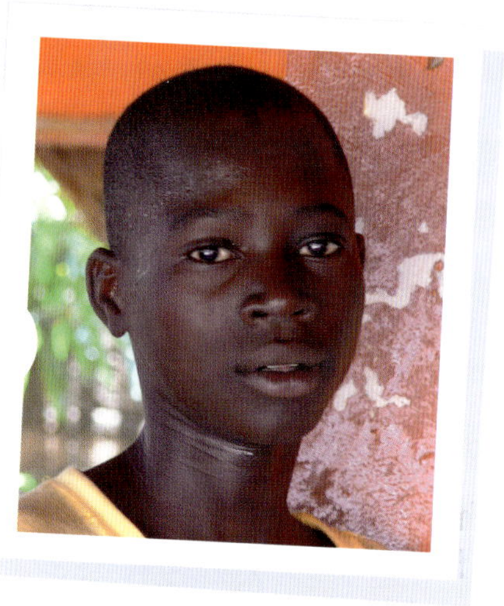

von Bangre, Ousseni

Eines Tages sagte meine Mutter. „Ousseni, nimm dieses Geld und kaufe Gewürze, Fleisch und Gemüse auf dem Markt“. Ich nahm mein Fahrrad und fuhr extra vorsichtig in unserem dichten Verkehr.

Auf dem großen Markt Roroko angekommen, blieb ich erstmal stehen. Ich sah ein riesiges Gewimmel von bunt angezogenen Marktfrauen, fröhlichen Kunden, Bettlern ohne Beine und dazwischen viele kleine Kinder. Schließlich gibt es hier keine Kindergärten, alle Kinder kommen immer mit, eingeschlagen in ein Tuch auf dem Rücken der Mutter.

Viel Geschrei und tausend schöne und scheußliche Gerüche stürzten auf mich ein! Die Marktfrauen rufen laut ihre Preise, die Schlachter brüllen sich gegenseitig wegen ihrer magischen Messer an.

Sie nehmen einen besonderen Zaubertrank in ihrer Jugend, meistens gibt der Vater seinem Kind diese Medizin. Danach sind sie unverwundbar, was Messer angeht. Spannend, nicht?

In der Fischecke stinkt es, frischen Fisch gibt es selten, aber aus Ghana und Togo bekommen wir getrockneten und geräucherten Fisch.

Überall werden die Preise lauthals heruntergehandelt, das kann lange dauern und bringt Spaß.

Ich habe das auch versucht, aber die Gemüsefrauen haben gelacht, weil ich noch so klein bin!

Eine von ihnen schenkte mir zwei Tomaten dazu, andere sagten: „Du bist wohl mit einem Euro in der geschlossenen Faust geboren!" So heißt es hier, wenn jemand geizig ist.

Aber ich wollte das Geld meiner Mutter nicht verschwenden. Auch war es das erste Mal, dass Mutter mir so eine schwierige Aufgabe stellte, ich wollte alles richtig machen.

Schließlich fuhr ich mit dem beladenen Fahrrad nach Hause, alles ging gut. Als meine Mutter die Zutaten nahm, war sie sehr glücklich über mich und kochte Reis mit Soße für uns alle.

in der IRRENanstalt

von Nikiema, Asmao

Die Ärzte in einer Irrenanstalt wollten feststellen, welchen ihrer Patienten sie nun als geheilt nach Hause schicken konnten.

Sie malten ein großes Auto an die Wand und baten alle, dort einzusteigen. Jeder ging los und stieß mit dem Kopf gegen die Wand, nur einer blieb sitzen.

Hoffnungsvoll fragten sie ihn: „Warum bist du nicht eingestiegen und losgefahren?“ Der Mann aber lachte und sagte: „Warum habt ihr die anderen alle zum Auto geschickt? Habt ihr denn vergessen, dass der Schlüssel in meiner Hosentasche ist?“

Weihnachten im Waisenhaus

von Comparé, Alassane

Dies ist jedes Jahr ein unvergessliches Fest! Wir räumen alle zusammen den ganzen Hof auf und machen alles und uns selbst sehr sauber.

Ab mittags schmücken wir unseren Weihnachtsbaum. Bei uns in der Sahelzone gibt es keine Tannen, so ist unser Baum aus Plastik, aber wir haben schon lange gebastelt und aus kleinen angemalten Kürbissen Weihnachtskugeln gebastelt, dazu Ketten aus Papier, und Maman bringt uns aus Deutschland bunte Lichterketten mit.

Wir hängen auch Luftballons und Girlanden auf. Um 18 Uhr ist es bei uns schon ganz dunkel, alle Christen und alle Muslime gehen zum Abendgebet. Aber gefeiert wird danach zusammen, jedes Fest im Jahr, egal welcher Religion.

Um 19 Uhr sitzen wir alle an langen Tischen, die Mädchen und Jungen der Waisenhäuser, aber auch unsere Behindertengruppen, die Straßenjungen, die jungen Mütter mit ihren Babys und natürlich das gesamte Personal und viele Gäste. Zusammen sind wir meistens über 500 Menschen!

Wir haben jeder eine kleine Kerze in der Hand und singen zusammen „Oh Tannenbaum“, dieses Lied kennt jeder bei uns auf Deutsch auswendig.

Maman liest abwechselnd mit Abdoulaye aus der Bibel vor (das ist lustig, denn beide sind eigentlich Muslime, aber das ist uns hier egal).
Sie lesen auf More, unserer Sprache hier, und Maman macht viele Fehler, über die wir schön lachen!

Dann kommt der Weihnachtsmann, manches Jahr ist er schwarz, manches Jahr weiß. Manchmal ist er dünn, klein, dick oder groß, das ist uns auch egal, Hauptsache er bringt uns schöne Geschenke! Jeder bekommt eine Tüte, und danach geht das Essen los: ein Viertel Hühnchen für jeden, mit Salat und Gemüsereis, wie lecker!
Letztes Jahr hat uns ein Besucher aus Deutschland sogar ein Eis gespendet, das war noch nie da. Eis am Stiel ist Luxus hier in Afrika.

Ja, und dann geht die Party ab, wir tanzen alle zusammen bis Mitternacht, die Tanzfläche ist so voll, kaum einer bleibt sitzen. Alle freuen sich, wir sind gesund und vergnügt, springen herum und freuen uns unseres Lebens!

Heilige KROKOdile

von Belem, Ernest

In meinem Dorf, da wo ich geboren bin, gibt es einen großen See. Während der Regenzeit ist er groß, und dann wird er immer kleiner, im Monat Mai ist er dann fast ausgetrocknet, aber mit dem Regen wir der wieder groß.

Die Menschen leben dort noch nach den alten Traditionen, und so gibt es in unserem See viele heilige Krokodile. Sie sind bis zu 3 Meter lang und sehr alt, sie haben riesige Mäuler und tragen Ohrringe aus Gold.

Einige Männer bringen ihnen täglich Fleisch oder Fisch. Unter ihrer Aufsicht können sich sogar kleine Kinder auf ihre Rücken setzen!

Eines Tages rutschte mein Freund aus Versehen aus und fiel ins Wasser. Ich wusste, dass er nicht schwimmen kann und schrie um Hilfe. Die Männer kamen angerannt, aber da hatten sich schon mehrere Krokodile um ihn versammelt und schoben ihn gemeinsam zurück ans Ufer.

Alle im Dorf haben sehr gestaunt. Der Vater des Freundes hat den Krokodilen später ein ganzes Schaf geschenkt!

Die ARBEIT der Kinder im Dorf

von Kaboré, Jean Jaques

Jeden Morgen wachen wir vom Schrei der Hähne auf. Noch ist es dunkel, aber die Mutter hat schon unseren Frühstücksbrei fertig. Dann gehen die Kleinen, die jetzt 5 oder 7 Jahre alt sind, mit den Kühen, Schafen und Ziegen in den Busch.

Bei uns gibt es keine Zäune, denn es gibt auch keine Wiesen. In Afrika ist es zu trocken, es regnet nur 3 bis 4 Monate lang. Darum muss das Vieh den ganzen Tag gehütet werden, es würde sich sonst verirren.

Mutter gibt den Jungen trockenen Hirsebrei mit, sie finden dann Früchte oder Wurzeln im Busch. Wenn sie dann abends nach Hause kommen, nachdem sie das Vieh noch getränkt haben, Mann, haben die dann Hunger!

Die Mädchen helfen Mutter im Haushalt und im Gemüsegarten. Sogar kleine 6-jährige Mädchen tragen schon ihre Geschwister auf den Rücken gebunden und sammeln Holz für das Feuer oder gehen Wasser holen.

Der Krug ist sehr schwer, sie tragen ihn auf dem Kopf genauso wie ihre Mütter, denen sie alles nachmachen. Sie wollen alle eines Tages so werden wie ihre Mütter!

Ich selbst habe Glück, denn ich darf zur Schule gehen, als einziger aus der Familie! Schule kostet Geld, aber davon haben wir ganz wenig, wir essen das ganze Jahr über, was auf unseren Feldern wächst.

Manchmal reicht es nicht, dann müssen wir hungrig schlafen gehen. Das ist nicht gesund für Kinder! Darum will ich mal reich werden, und deswegen renne ich jeden Tag schnell zur Schule und lerne wie verrückt noch abends beim Schein unserer Petroleumlampe.

ich heiße AZIZ!

von Aziz, Bary

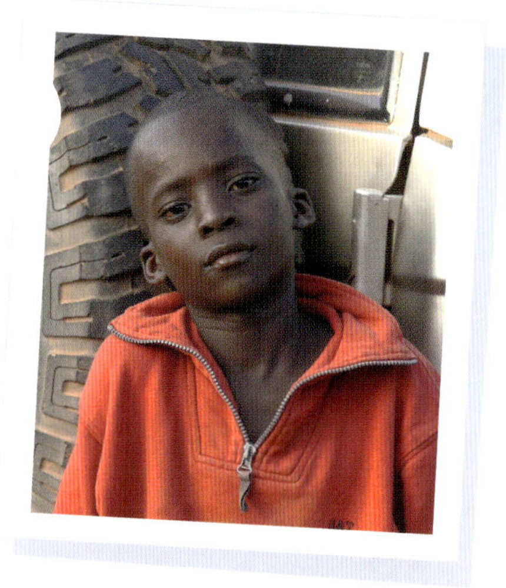

Als ich klein war, lebte ich mit meiner Großmutter zusammen, sie war damals schon alt. Meine Eltern sind beide gestorben, ich kenne sie gar nicht.

Ich wohne in der großen Stadt Ouagadougou. Als ich sechs Jahre alt war, habe ich das erste Mal Klebstoff geschnüffelt, mit den anderen Jungs auf der Straße. Etwas später hat mich die Polizei das erste Mal mitgenommen, denn sie fanden, dass ich noch zu klein war für das Leben auf der Straße.

Sie fragten mich nach den anderen Jungen aus, aber ich wollte sie nicht verraten, ich habe die Polizisten angelogen. Dann bin ich gleich wieder zu den Straßenjungs zurückgegangen und lebte bei ihnen, wo sollte ich sonst hin? Meine Oma hatte nichts zu essen für mich, sie ist sehr arm.

Ich bekam einen echten Spitznamen – „Man-Man“, nun gehörte ich zur Bande. Ich war der Kleinste und war sehr stolz dazuzugehören, zu diesen großen Jungs, die klauen und betteln konnten.

Betteln kann ich auch gut. Ich mache dann große Augen und alle glauben, ich habe nichts zu essen! Meistens haben wir uns dann von dem Geld Bonbons und Tabletten gekauft, die machten, dass wir dann keinen Hunger mehr bekamen.

Heute weiß ich, wie gefährlich das ist, daran kann man sterben!

Eines Tages hat Maman uns Jungen von der Straße mitgenommen in ihr Waisenhaus. Sie hat uns gewaschen, unsere Flöhe weggemacht und hat uns neue Jeans gegeben.
Aber die anderen haben ihr Geld geklaut und sind wieder abgehauen.

ich bin auch wieder weggelaufen, aber dann wollten die anderen mir das Klauen beibringen, das wollte ich nicht, dabei kann man nämlich getötet werden!

So bin ich dann alleine zu Maman zurückgegangen.
Sie hat mich aufgenommen und nun gehe ich zur Schule.
Immerhin bin ich ja auch schon acht Jahre alt! Hier bei ihr bin ich nachts in Sicherheit, im Straßengraben zu schlafen ist immer so kalt und gruselig.

Der Autofahrerwitz

von Silga, Sandrine

Ein Autofahrer fährt einen Fußgänger an. Gott sei Dank ist nichts Schlimmes passiert, aber der Autofahrer stammelt aufgeregt:

„Das verstehe ich nicht, ich kann doch gut Auto fahren, ich bin doch ein guter Chauffeur! Seit 15 Jahren unfallfrei!“

Der Fußgänger entgegnet wütend: „Bilden Sie sich bloß nichts ein! Ich selbst bin ein guter Fußgänger, ich laufe zu Fuß, seit 50 Jahren unfallfrei!“

Das Hirsebier

von Keré, Mariam

Vor langer Zeit lebte eine Familie weit weg in einem Dorf.
Sie hatten ein Pferd. Alle Pferde hatten damals nur Gras zum Fressen, aber diese Frau gab ihrem Pferd oft etwas von ihrer gesammelten Hirse ab, damit es zufrieden sei wie sie selbst.

Eines Tages sagte das Pferd zu ihr: „Du hast so ein gutes Herz, ich zeige dir jetzt ein Geheimnis!“ So bekam sie ein Rezept für Hirsebier vom Pferd und sie bereitete eine Kalebasse (das ist eine Schüssel aus Kürbisholz) vor.
Ihr Mann fand es köstlich und sagte: „Das ist so gut, das müssen meine Freunde auch probieren!“

Sie begann, das Getränk auf dem Markt zu verkaufen. Damit verdiente sie nun selbst das Geld, um ihre Kinder in die Schule zu schicken!

Seitdem sind die Männer nicht die einzigen, die Geld nach Hause bringen, und seitdem bekommen die Pferde auch öfter Hirse zu fressen!

Mein erster Fisch

von Bibéogo, Issuf

Wir Jungen aus dem Waisenhaus waren alle im Feriencamp auf dem Land, als unsere Erzieher sagten: „Heute gehen wir angeln!“ Da wir schon seit langem unsere Angelruten fertig gebastelt hatten, sprangen wir vor Freude in die Luft!

Durch unsere schöne afrikanische Landschaft mit den vielen sanften Hügeln fuhren wir singend zum See, natürlich brachten alle Jungs sofort ihre Angeln aus, ich auch. Ich dachte schon, dass einer angebissen hatte, aber der Fisch war klüger als ich: Er hatte mir meinen Wurm weggefressen! Das passierte mir noch ein zweites Mal.

Die Sonne brannte heiß, es gab keinen Schatten, ich hatte Durst und wurde wütend. Gerade als ich aufhören wollte, hörte ich in meinem Ohr die Stimme meiner Mutter. Sie sagte: „Geduld ist ein Weg aus purem Gold!“

Ich beruhigte mich und warf die Angel noch einmal aus, und siehe da: Als ich die Angelschnur diesmal einzog, hing ein großer Fisch dran!

Ich habe mich so darüber gefreut, dass ich nicht weiterangeln konnte. Das war der erste Fisch meines Lebens!

So ein blöder Witz!

von Tiendrbeogo, Amsetou

Es war einmal ein Schüler namens Tata.
Tata war in der Schule so schlecht, dass ihn der Lehrer nie aufrief.

Eines Tages fragte der Lehrer die Schüler: „Wie alt bin ich?“
Tata meldet sich, ganz hinten in der letzten Reihe. Der Lehrer ruft ihn auf. Tata erhebt sich und sagt. „Herr Lehrer, Sie sind 40 Jahre alt.“

Der Lehrer fragt neugierig: „Wieso weißt du denn mein Alter?“
Daraufhin antwortet Tata: „Herr Lehrer, ich habe einen Bruder zu Hause, der ist 20 Jahre alt und sehr dumm. Da Sie noch viel dümmer sind, habe ich einfach sein Alter mal zwei genommen!“

Der Hase heiratet die KÖNIGstochter

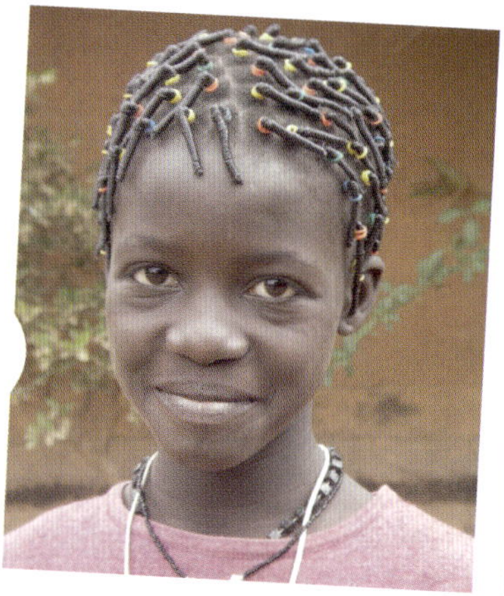

von Nana, Estelle

Der König des Waldes hatte eine schöne Tochter, die er verheiraten wollte. Alle Tiere waren in sie verliebt, denn sie war wunderschön! Doch der König wollte den allerschlausten Schwiegersohn finden.

Eines Tages versammelte er darum alle Tiere seines Reiches und sagte zu ihnen: „Seht ihr diesen Topf dort auf dem Feuer?“ Alle sahen, dass dort heiße Suppe brodelte.

„Meine Tochter gehört demjenigen, der diesen Topf mit einem einzigen Zuge leert!“ Alle Tiere machten einen Versuch, doch jeder musste sofort aufgeben, denn die Suppe war kochend heiß. Als Letzter stand der Hase auf. Er nahm angeberisch den heißen Kessel in beide Hände und sagte gelassen: „Kein Problem, ich trinke gerne heiß!“

Bevor er anfing, ging er herum und ließ jeden in den Kessel gucken: „Halte ihn mal“, sagte er, „da merkst du erstmal, wie heiß die Suppe ist!“ „Autsch,“ sagten alle anderen Tiere, „der Topf ist ja viel zu heiß, ich verbrenne mir ja die Finger!“

Als er diesen Rundgang bei den vielen Tieren gemacht hatte, war die Suppe kalt geworden. Der Hase leerte den Topf in einem einzigen Zug, bejubelt vom Volk des Königs. Wie versprochen bekam er die Königstochter.

Und deswegen gibt es in der Familie des Königs jetzt jeden Sonntag Suppe!

Fußball spielen in Afrika

von Nikiema, Rashid

Hier ist endlich eine Geschichte für Jungs, harte Kerle wie dich und mich, die sich nicht drum kümmern, wenn ihre Schienbeine große Beulen haben und auch nicht jammern, wenn die anderen einen in die Rippen stoßen, bis sie angeknackst sind!
Hauptsache wir jubeln zusammen, wenn wir gewonnen haben! Aber wir sind auch gemeinsam geknickt, wenn wir verlieren. Das nennt man Freundschaft!

Als die Weltmeisterschaft war, habe ich im Fernsehen euren schönen grünen Rasen gesehen: So was gibt es nicht bei uns, dazu haben wir nicht genug Wasser. Wir spielen auf freiem Feld, darum kann der Ball auch nicht richtig rollen, es gibt zu viele Steine und gute Fußbälle gehen sehr schnell kaputt.

Beim Training spielen wir meistens barfuß und wir haben auch keine Trikots. Manchmal binden wir viele Plastiktüten um einen Stein, das ist dann unser Ball. Schiedsrichter gibt es auch nicht. Wenn wir gegeneinander spielen, zieht die eine Mannschaft einfach ihr Hemd aus.

Wir alle träumen von Fußballschuhen und Stutzen. Bei uns im Waisenhaus haben wir Glück, denn Maman bekommt so was manchmal aus Europa geschickt. Dann müssen wir uns erst umgewöhnen, mit Schuhen zu spielen ist was ganz anderes.

Hier in Afrika ist Fußball sehr wichtig, fast alle Jungs träumen davon, einmal in Europa zu spielen, nach der Schule üben wir darum jeden Tag. Da geht es echt hart ab, geheult wird nicht und wir haben sehr große Talente im Waisenhaus. Diese Jungs werden in der Gemeinschaft besonders respektiert.

Wenn wir gegen eine andere Schule spielen, kommen alle unsere Mädchen mit, das sind unsere Fans. Sie singen und schreien und schlagen auf großen Trommeln. Wenn Maman uns dann auf dem Pick-up nach Hause fährt und wir gewonnen haben, dann fährt sie extra Runden durch unser Stadtviertel und alle Nachbarn applaudieren und singen mit uns. Aber wenn wir verlieren, fährt sie auf Schleichwegen, weil wir alle traurig sind.

Einmal sollten wir ein Match spielen, aber es wurde abgesagt. Die Nachbarn vom Fußballplatz hatten die Holzpfosten der Tore geklaut, weil sie kein Feuerholz hatten!

Der Kanarienvogel und der ELEFANT

von Ouedraogo, Rasmata

Es war einmal ein großer Dschungel mit einer Lichtung, dort wohnten ein Kanarienvogel und ein Elefant.
Der Elefant war sehr groß und stark, der Vogel war klein und schlau.
Jeder von ihnen wollte unbedingt der König des Dschungels sein.

Eines Tages sagte der Elefant zum Kanarienvogel: „Ich habe mir eine Wette ausgedacht, diese wird für immer entscheiden, wer von uns beiden der König ist. Versprichst du mir, dass du mitmachst?“

Der Kanarienvogel willigte ein.
„Schön“, sagte der Elefant, der mit seiner Idee sehr zufrieden war.
„Hier ist die Aufgabe: Wer von uns beiden es schafft, mehr Wasser zu trinken als der andere, der soll König sein.“

Der kleine Kanarienvogel dachte scharf nach und sagte dann:
„Einverstanden, ich weiß, wo wir viel Wasser für diese Wette finden.“
Er flog voraus von Baum zu Baum, der Elefant trampelte durch den Dschungel hinterher, bis sie nach einer langen Reise ans Meer kamen.

Gerade war Flut, das Wasser stieg unaufhaltsam, und der raffinierte kleine Vogel sagte zum Elefanten: „Schau, hier gibt es viel Wasser, du bist der größere von uns beiden, du fängst an!“

Der Elefant hielt seinen Rüssel ins Meer und begann erfreut zu trinken. „Mehr, mehr," schrie der Vogel, „pustest du denn ins Wasser? Sieh mal, es wird ja gar nicht weniger, du trinkst ja gar nicht!" Der Elefant trank und trank, er war schon ganz erschöpft.

Der kleine Kanarienvogel wartete den Gezeitenwechsel ab und sagte dann: „Nun bin ich dran, schau her, schau mich an, ich bin der König des Dschungels!" Er stippte seinen Schnabel ins Wasser, das gerade wegen der Ebbe zurückwich. Er folgte dem Wasser viele Meter und tat, als ob er trank.

Der Elefant staunte nur so. Als der Kanarienvogel zurückgehüpft kam, sagte er stolz: „Da siehst du, wie viel ich trinken kann: Es ist gar kein Wasser mehr da!" Und so ist der Kanarienvogel – bis heute – der König des Dschungels!

Ein unzufriedener Esel

von Languelengue, Balkissa

Ach, ich muss ja so viel arbeiten! Und meine Chefin ist eine ganz gemeine Bauersfrau! Jeden Morgen nimmt sie allen Hühnern die Eier weg und verkauft sie. Die Milch von den Kühen nimmt sie auch, damit macht sie Butter und Käse.

Dann holt sie auch noch alles Gemüse aus dem Garten, das stapelt sie mit allem zusammen auf meinen Karren, und dann setzt sie sich auch noch obendrauf, und glaube mir, die wiegt nicht wenig!

Nun soll ich alles zum Markt ziehen, manchmal knicken mir die Knie dabei ein, aber sie kennt keine Rücksicht und haut mich dann mit einem Stück Holz.

Ab heute aber ist das alles vorbei. Nun bekomme ich für den Rest meines Lebens bei ihr zu fressen und brauche nie mehr einen Karren zu ziehen, ja, was ist denn da passiert?

Heute Morgen hatte sie wieder mal den Karren hoch beladen, wir zogen los und kamen an die große Straße. Im gleichen Moment konnte ich einfach nicht mehr weiter ziehen, ich hielt an, weil meine Hufe so wehtaten. Nur eine kleine Pause, bitte!

Sie wollte gerade auf meinen Rücken prügeln, da schoss ein riesiger LKW mit Tempo 150 direkt an meiner Nase vorbei. Die Frau stieg ab, umarmte mich und gab mir einen Kuss auf meine Nase – das war mir aber peinlich!

Sie sagte: „Lieber Esel, du hast uns vor einem schrecklichen Unfall bewahrt, wie bist du nur klug! du bist viel zu klug, um einen Karren zu ziehen, von nun an sollst du vor meinem Küchenfenster wohnen und von allem bekommen, was ich selber esse! Ich danke dir!“

Na, die Wahrheit habe ich ihr natürlich nicht auf die Nase gebunden und heute gab es gleich einen leckeren Teller Gemüsesuppe, mmmmmh!

KARATE für Mädchen

von Tiendrebeogo, Amsetou
und Kabre, Djeneba

Wir sind Amsetou und Djeneba, zwei Waisenmädchen, die in AMPO leben. Dort ist unser Zuhause, wir gehen zur Schule und essen dreimal am Tag – das bekommen nicht viele Kinder in unserem armen Land Burkina Faso!

Seit vielen Jahren ist unser Sport Karate. Das gibt es hier sehr selten, eigentlich machen das nur Jungs. Mädchen sind da, um die Küche zu versorgen und später viele Kinder zu bekommen. Aber wir sind anders, wir wollen einen Beruf lernen und uns selbst verteidigen können.

Unser Karatelehrer heißt Jean Simporè und ist ein Offizier beim Militär. Er war es, der Karate überhaupt nach Burkina Faso brachte, und er bringt uns alles bei. Er nimmt uns mit zu Wettbewerben und Schaukämpfen.

Ohne Erbarmen sieht er unsere Schweißtropfen fließen. Denn im Mai zum Beispiel haben wir Training bei 48° Celsius, und er kennt keine Gnade!

Wir machen kein Karate, um später mal unsere Ehemänner zu verhauen. Nein, es gibt uns ein gutes Gefühl, dass wir uns selbst verteidigen können.

In AMPO leben wir mit 50 anderen Mädchen und jedes Einzelne von ihnen übt Karate. Wenn wir zweimal in der Woche zum Training laufen, sieht man an uns viele verschiedene Gürtelfarben: gelb, orange, grün, blau und braun.

Alle Nachbarn staunen dann über uns, die Jungs pfeifen, aber wir laufen einfach weiter. Drei von uns haben schon einen schwarzen Gürtel, wir sind wirklich sehr stolz auf sie, es sind afrikanische Mädchen!

Das ist selten, aber mit Glück werden es im nächsten Jahr fünf Mädchen sein, denn dann sind auch noch dabei: Eure Amsetou und Djeneba!

Unser Fasching: DODOtanz!

von Kafando, Samuel

Jedes Jahr während der Fastenzeit organisieren die Kinder in den vielen Stadtvierteln und Dörfern ihren Dodotanz. Da werden bunte und unheimliche Masken gebastelt, traditionell sind es Löwen und Hyänen und Elefanten, auch ein Krokodil kann mal dabei sein.

Damit ziehen wir dann von Haus zu Haus, von Hütte zu Hütte, wir sind ganz mit Farbe bemalt und machen ungeheuerliche Geräusche.

Die kleinen Kinder bekommen Angst. Wir klopfen an die Türen, dann kommen die Familien heraus und sehen nur den Vorsänger, alle anderen verstecken sich noch.

Für das Lied des Sängers geben sie uns Bonbons oder Geld oder auch nur Hirsebrei, und dafür ruft der Vorsänger nun seine Masken herbei.

Wir beginnen zu trommeln und mit Kalebassen zu rasseln. Viele von uns machen sich auch aus leeren Konservendosen Blechrasseln und binden sie um die Fußgelenke.

Dann beginnen wir wild zu tanzen. Die anderen Kinder finden das unheimlich, denn es ist ja schon dunkel, wenn wir anfangen, manchmal bekommen wir sogar richtig ein bisschen Angst vor uns selbst –
so weiß angemalt und mit den Masken!

Mädchen, macht euch schön!

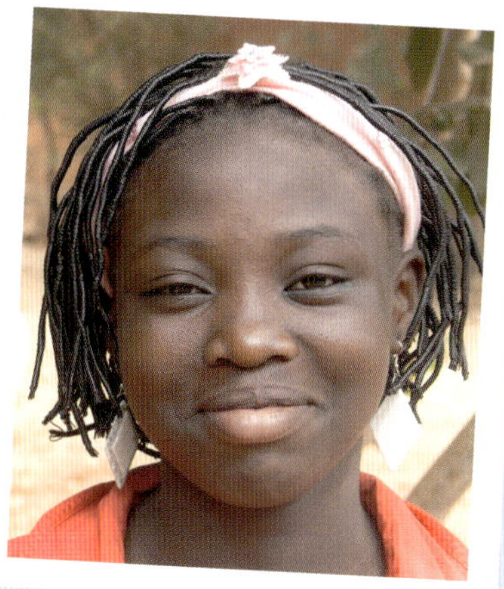

von Traoré, Alimatou

Morgen ist das Tabaski-Fest, die größte Feier des Jahres für Muslime. Alle Familien, die genügend Geld haben, schlachten an diesem Tag ein Schaf, dessen Fleisch mit anderen Menschen geteilt wird.

Wir Kinder bekommen neue Kleider und Bonbons, toben herum, besuchen unsere großen Familien und bekommen überall etwas geschenkt. Dafür müssen wir natürlich besonders hübsch sein, und am Tag zuvor treffe ich mich mit Fati, Rakieta und Mamou.

Wir flechten uns gegenseitig unsere Haare und das sind nicht so einfache Zöpfe wie in Europa! Oh nein, dieses Flechten dauert Stunden und es tut auch ziemlich weh, aber das halten wir aus, denn wir wollen besonders hübsch sein.

Fati will ihr Lieblingsmodell „Fulbe“ haben, das sind ungefähr 200 kleine Zöpfe, vorwärts und rückwärts geflochten, dafür brauchen wir schon mal 4 Stunden.

Rakietas 60 Zöpfe treffen sich oben auf dem Kopf wie eine kleine Krone, das Modell heißt „Fatou“. Mamous Haare werden in 80 Zöpfen nach hinten durch geflochten, Modell Mossi.

Meine eigenen Haare werden verstärkt mit falschem Haar, so werden die Zöpfe dicker. Ungefähr 150 kleine Zöpfe baumeln um mich herum, jeder Zopf wird am Ende von einer kleinen Kauri-Muschel gehalten, das sieht total süß aus! Ein lustiges Gefühl ist es auch!

Nun kommen die Füße und die Hände dran. Erst mal werden sie makellos gesäubert, dann kleben wir sie ab mit Pflaster, lauter hübsche Muster entstehen. Vor dem Schlafengehen streichen wir Henna darauf und wickeln Füße und Hände in Plastiktüten. Am nächsten Morgen sind die Muster rot.

Wir stehen früh auf, denn darauf kommt nun eine Säure namens „Apollo“, das dauert noch mal 10 Minuten, dann sind die Muster blauschwarz, das sieht hübsch aus.

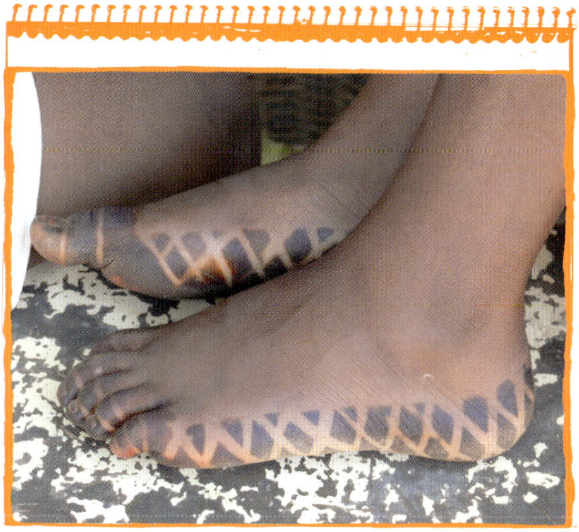

Jetzt werden die Füße gut gewaschen und eingecremt, die Muster halten nun 2-3 Wochen und unsere schicken Frisuren auch.

„Mamou, aufstehen, das Fest geht los!“

Mein Großvater, der Zauberer

von Bassolet, Yannick

Leider hatte ich nicht das Glück, meinen Großvater zu kennen. Er starb lange vor meiner Geburt. Meine Mutter aber erzählt heute noch die tollsten Geschichten von ihm.

Einmal, als sie noch klein war, hat er einer toten Eidechse die Haut abgezogen, diese Haut hat er auf einer Mauer getrocknet und dann das Herz der Eidechse in die Hand genommen. Er sagte ein geheimes Wort und die Haut der Eidechse begann auf der Mauer herumzulaufen – alle Kinder sind vor Angst geflüchtet! Er aber hat laut gelacht, es war nur ein Spaß von ihm. Unglaublich, aber wahr!

Hier in Afrika existieren Geister und Hexen noch wirklich. In einigen Gegenden dürfen Kinder im Dunkeln nicht mehr vor die Tür, die Hexen fliegen überall und lauern ihnen auf.

Sie können dir aber nur was tun, wenn sie deinen Namen wissen, und darum ruft man hier viele Kinder nicht bei ihrem eigenen Namen, sondern gibt ihnen Spitznamen wie „Dienstag“ oder „Kleiner Vater“.

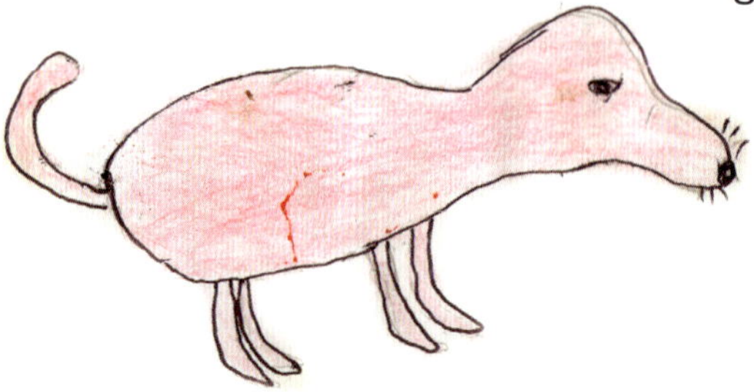

Tagsüber verstecken sich die Hexen meistens auf dem Markt, denn dort sind viele Leute und sie fallen nicht so auf.

Der Vater meines Onkels war ein mächtiger Mann in seiner Stadt.

Eines Tages ging ich mit meinem Onkel auf den Markt und er kaufte Fleisch. Plötzlich entzündete sich sein Hemd und brannte! Ich war entsetzt, wir löschten den Brand, die Haut war nicht verletzt.

Als er dies zu Hause seinem Vater erzählte, meinte der mächtige Mann: „Ja, das war eine Hexe, ich kenne sie. Sie wollte, dass du das Fleisch vergiftest und mir gibst. Sie hasst mich seit vielen Jahren.
Weil du aber ein gutes Herz hast und an Gott glaubst, konnte sie den Zauber nicht in dich pflanzen, und darum hat sie dir aus Wut das Hemd verbrannt.

Nun wollen wir aber sicherheitshalber einen guten Gegenzauber machen, denn wer weiß, was sie noch so in dich hineingezaubert hat."

Er bekam sehr leuchtende Augen, wurde grau im Gesicht und murmelte einige magische Worte und mein Onkel spuckte prompt einen Frosch und einen Salamander aus!
Ich traute meinen Augen nicht! Aber ich war dabei.

Dies ist eine wahre Geschichte von Yannick.

Eine Hochzeit in Afrika

von Kaboré, Djeneba und
Tiendrebeogo, Amsetou

Hier bei uns gibt es viele sehr alte Bräuche und Traditionen. Mein Bruder Wendkuuni wollte seine angebetete Bintou heiraten, so was ist hier echt umständlich!

Zuerst muss er mit den Männern seiner Familie und mit roten und weißen Kolanüssen bei der Familie von Bintou vorsprechen und um ihre Hand bitten. Nun erkundigen sich die Alten dieser Familie über alles, was innerhalb 200 Jahren in der Familie von Wendkuuni vorgefallen ist, und andersherum auch.

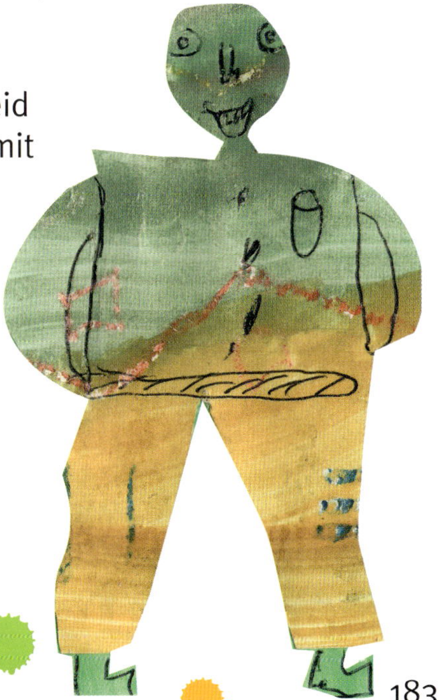

Wenn alle einverstanden sind, kann das Hochzeitskleid genäht werden. Die Mitgift, also dass was eine Frau mit in die Ehe bringt, besteht aus vielen Töpfen, Löffeln, Kleidern, alles muss traditionell in große Stoffe gewickelt werden. Das sind dann riesige Pakete!

Viele Wochen dauern die Vorbereitungen, weiße Hähne müssen geschlachtet werden, weit fort auf allen Dörfern muss die Großfamilie informiert werden, denn alle werden zur Hochzeit kommen. Bei zwei Großfamilien und den Freunden werden das gut und gerne 1000 Menschen sein!

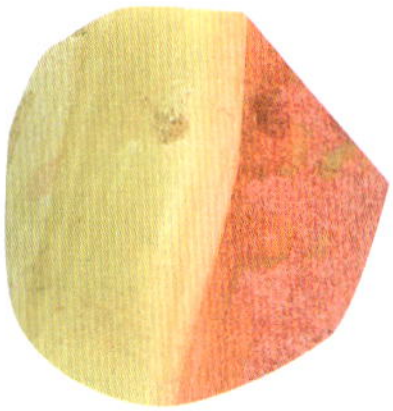

Zu dieser Zeit war mein Bruder schon ganz fertig und genervt, so viel Aufstand hatte er sich nicht vorgestellt! Aber nun musste er da wohl durch, außerdem ist Bintou so bildhübsch, er wollte sie unbedingt heiraten.

Obwohl er ein großer Kaufmann hier ist und Bintou als Bankangestellte arbeitet, beugen sie sich doch gerne den Gesetzen der Familientradition, das gehört sich hier so und bringt Segen ins Haus.

Hier heiratet man entweder an einem Donnerstag oder an einem Samstag, und eine Nacht vorher schon kommen alle Frauen zusammen, fegen den Hof und kochen die Nacht hindurch die Hochzeitsuppe und schnippeln Gemüse. Die Männer schlachten die Schafe und Hühner.

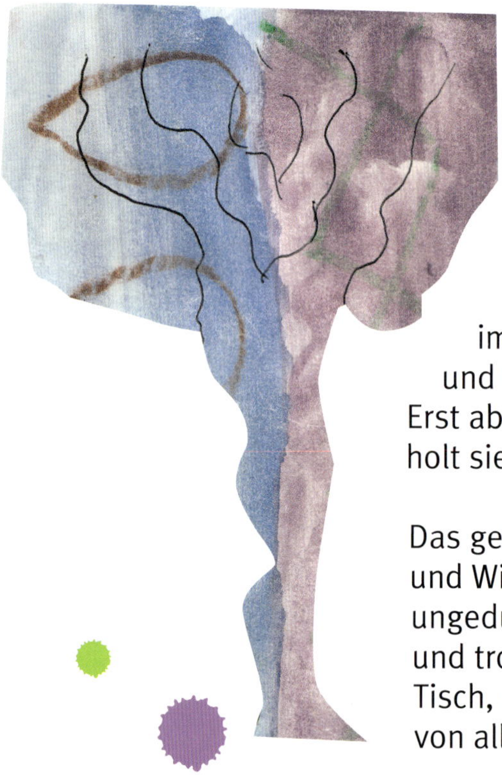

Diese Nacht ist immer voller Arbeit, aber auch voller Freude. Nebenher wird gesungen und getanzt. Die Babies schlafen alle in einer Hütte auf Matten, die Frauen haben sich viel zu erzählen.

Am Tage der Hochzeit beginnen die anderen zu essen und zu trinken, aber die Braut bleibt in ihrem Zimmer, sie muss im Kreise ihrer Freundinnen die Haare flechten und ihre Hände und Füße mit Henna verzieren. Erst abends kommt die Familie des Bräutigams und holt sie ab in ihr neues Haus.

Das geht aber nicht so einfach! Viele Ratespiele und Witze dauern Stunden, zu Hause sitzt der ungeduldige Bräutigam, mein Bruder Wendkuuni, und trommelt atemlos mit den Fingern auf den Tisch, wann kommt sie endlich, die schönste Frau von allen?

Ganz verhüllt wird sie ihm schließlich gegen Mitternacht gebracht, die Nachbarn dürfen so viel Schönheit nicht sehen!

Eine ganze Woche bleibt sie nun drinnen bei ihm im Haus. Dann muss sie am ersten Tag draußen den traditionellen Hirsebrei für ihre neue Familie kochen. Endlich darf sie sich unverhüllt zeigen.

Eigentlich ist das lustig, denn bei ihrer Arbeit in der Bank trägt sie kurze Röcke und hohe Absätze!

Das Kochen meistert Bintou natürlich mit links, Hirsebrei und Gemüsesauce für 35 Personen! Sie ist nicht nur schön, sie kann auch noch supergut kochen!

Na, da hat mein Bruder wohl alles richtig gemacht!

Ein Patenbrief

von Ouedrago, Nassirou

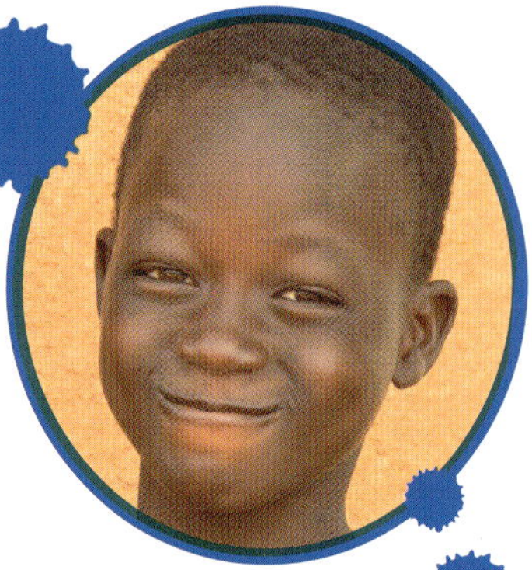

Liebe Pateneltern in Deutschland,
mit einem Herzen voller Freude habe ich mich an den Tisch gesetzt und will Euch von meinen Neuigkeiten schreiben. Ich danke Euch auch für Euren letzten Brief.

In den großen Schulferien war ich zunächst für einen Monat bei Verwandten in einem Dorf weit weg von der Stadt. Dort habe ich bei der Feldarbeit geholfen, wir säten Hirse, Mais und Erdnüsse aus. Jeden Tag mussten wir auf den Feldern Unkraut jäten, nur mit einer kleinen Hacke. Das war sehr anstrengend, aber auch schön.

Meistens haben wir dabei gesungen und uns Geschichten erzählt.
Für die anderen Kinder im Dorf bin ich natürlich interessant, denn ich lebe ja sonst in der Hauptstadt. Sie wollen immer alles über Ouagadougou wissen.

Danach sind wir für 2 Wochen mit allen AMPO-Jungs in die Ferienkolonie gefahren, nach Kaya. Das ist eine kleine Stadt, die in den Bergen liegt, ungefähr 150 km von der Hauptstadt entfernt.

Am ersten Tag haben wir den König des Dorfes besucht und um die Erlaubnis gebeten, seine Berge zu besteigen und in seinen Seen zu fischen. Leider haben wir, zusammen 50 Jungs, nur 3 große Fische gefangen und mussten für das Abendbrot auf den Markt gehen, um welche dazu zu kaufen!
Auf den Bergen war es wunderbar kühl, der Wind wehte von weit weg. Jeden Tag haben unsere Erzieher Spiele organisiert, jeder durfte machen, was er wollte: schlafen, singen, Ball spielen. Die meisten spielten immerzu Monopoly, bis in die Nacht.

Das alles ist für uns sehr toll, denn in der Schulzeit haben wir ein sehr strenges Programm und lernen von morgens bis abends. Am letzten Tag gab es dann ein Fußballturnier, die Sieger haben ein Geschenk bekommen. Meine Gruppe wurde dritter.

Jetzt sind wir wieder bei AMPO, die Schule geht los, die Haare werden abrasiert, Maman schneidet die Fingernägel. Wir waschen unsere dreckigen Klamotten, die noch voller Staub aus Kaya sind. Schön war es da!

Liebe Grüße an die Familie von Eurem Nassirou!

FEUER im Dorf!

von Birba, Reine und
Birba, Benedicte

Schnell rannte Mama Hassan vom Feld in ihr Dorf, denn sie hatte eine große Rauchwolke gesehen. „Mein Kind, mein Kind!“, schrie sie schon von Weitem, „mein Kind Hassan schläft in der Hütte!“

Alle Dorfleute kamen so schnell sie konnten, sie holten Wasser aus dem Brunnen, sie gossen es auf die Hütte, aber das Strohdach brannte lichterloh, da war nichts mehr zu retten.

Die Hitze war so stark, niemand konnte die Hütte mehr betreten. Drei Männer mussten Mama Hassan festhalten, denn sie wollte hineinrennen zu ihrem Kind.

Als das Feuer gelöscht war und nur noch Reste von schwarzer Asche zu sehen waren, da erst merkten die Männer, dass Mama Hassans Hund Bibi immer an ihrem Rock zerrte und ganz komisch jaulte.

Bibi zog die Mutter zu einem nahen Baum, darunter hatte er das Baby Hassan abgelegt, nachdem er es aus der brennenden Hütte gezogen hatte!

Was für ein Glück für Mama Hassan! Und für das Baby Hassan! Und für den Hund Bibi, denn er bekam natürlich den größten Knochen im Dorf und wurde von alle geehrt.

Wie BAUE ich ein LehmHAUS?
Ein interview

Kaboré, Desiré & Bia, Candy

Candy: Guten Morgen Herr Kaboré, Sie wohnen in einer schönen sauberen Rundhütte aus Lehm. Wie haben sie das geschafft?

Kaboré: Zuerst nahm ich einen Nagel und ein Band. Damit habe ich einen Kreis gezogen, genau da, wo ich später wohnen wollte.
Aber Monate vorher musste ich damit anfangen, den Banco, das ist der Lehm für die Ziegel, herzustellen.

Candy: Wie macht man die? Sie sehen so schön und natürlich aus!

Kaboré: Das ist sehr harte Arbeit! Ich mischte lehmige Erde mit Hirsehäcksel, Pflanzenresten und Wasser, dann habe ich diesen Teig wochenlang jeden Tag mit meinen nackten Füßen getreten, damit sich alles gut vermischt. Ich presste alles in Mulden.
Später wird dann dieser viereckige Ziegel einige Wochen in der Sonne getrocknet. Ich machte 300 Ziegel.

Candy: Und für den Bau nimmt man dann Zement?

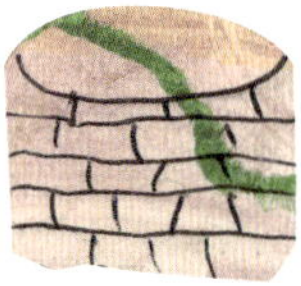

Kaboré: Oh nein! Alles wird aus natürlichem Material gemacht. Am Tag, an dem ich bauen wollte, mischte ich wieder Erde mit Wasser, diesmal ohne den Häcksel.

Hier in Afrika fragt jeder seine Nachbarn um Hilfe an diesem Tag. Nun wird Stein auf Stein gelegt, der Bau dauert ungefähr einen Tag. Natürlich muss man ein Loch für die Tür und eines für ein Fenster lassen. Ich kannte mal einen, der hat das vergessen – der hat aber hinterher sehr dumm geguckt!

Candy: Nun fehlt noch das Dach?

Kaboré: Das Dach baute ich am Boden aus kurzen Hölzern, die einen Kreis bilden. Danach setzt man 3 lange Hölzer wie eine Pyramide obendrauf. Vorher schon hatte ich aus Stroh 3 Meter lange Matten geknüpft, die werden nun der Länge nach mit festen Gräsern daraufgebunden.

Nun kommen wieder die Nachbarn und heben das ganze Dach auf einmal auf die Konstruktion aus Lehm. Das sieht aus wie eine lustige Zipfelmütze!

Kaboré: Die Tür und das Fenster hatte ich schon vorher aus Holz gebaut. Aus weißer Asche zog ich einen Kreis auf der Hütte, da bleiben die Schlangen und die Termiten draußen, diesen Geruch mögen sie nicht.

Am gleichen Tag noch bin ich mit meiner Frau und den Kindern eingezogen. Wir schlafen auf Matten, die brauchen nicht viel Platz. Gekocht wird draußen auf 3 Steinen.

Das war ein guter Tag, alle Nachbarn kamen und sprachen Segen für unser Haus.

Candy: Wir bedanken uns für das Interview und wünschen Ihnen auch alles Gute für die Familie im neuen Haus!

Die Bosheit des KÖNIGS des Dschungels gegenüber seinen Kameraden

von Yameogo, Steven

Der Löwenkönig, der Wolf und der Fuchs gingen zusammen auf die Jagd. Sie fingen ein Zebra, eine Gazelle und einen Hasen.
Der Löwe sagte zum Wolf: „Heute sollst du es sein, der die Beute verteilt."
„Es scheint mir nur gerecht, mein König, dass Sie das Zebra nehmen. Mein Freund der Fuchs nimmt den Hasen und ich würde mich mit der Gazelle begnügen."

Da wurde der Löwe zornig, denn eigentlich wollte er die ganze Beute für sich selbst haben. Er schmetterte seine große Pranke auf den Kopf des Wolfes, der mit einer großen Beule auf dem Schädel in Ohnmacht fiel.
„Fuchs, nun bist du dran, die Beute zu verteilen."

Der Fuchs antwortete feierlich: „Das Zebra soll Ihr Frühstück sein, mein König. Die Gazelle ist das Abendessen Ihrer Majestät und der Hase wird zum Nachtisch gereicht."

„Seit wann bist du denn so artig?", fragte der Löwenkönig. Mit einem Blick auf den Wolf, der gerade wieder seine Augen öffnete, antwortete der Fuchs: „Seit ich das Knacken des Schädels des Wolfes vernahm, Eure Majestät."

Wenn ich ein VOGEL wäre

von Nikiema, Souleyman

Wenn ich ein Vogel wäre, würde ich ganz hoch fliegen und mich dem Mond nähern, um ihm Danke zu sagen, dass er uns die Nacht erhellt.

Ich würde nach Mekka fliegen, um die Kaba und die Moschee des Propheten Mohamed zu sehen. Dann würde ich nach Italien fliegen und Papst Benedikt XVI. grüßen. Ich würde mir die Freiheitsstatue in den USA ansehen und den Eiffelturm in Paris. Ich würde die Weltmeere überqueren, die schönsten Strände der Welt besuchen und über alle meine Reisen ein Buch schreiben für die Kinder in der ganzen Welt.

Und ich wäre der freieste und glücklichste Mensch der Welt!

Eine listige Frau

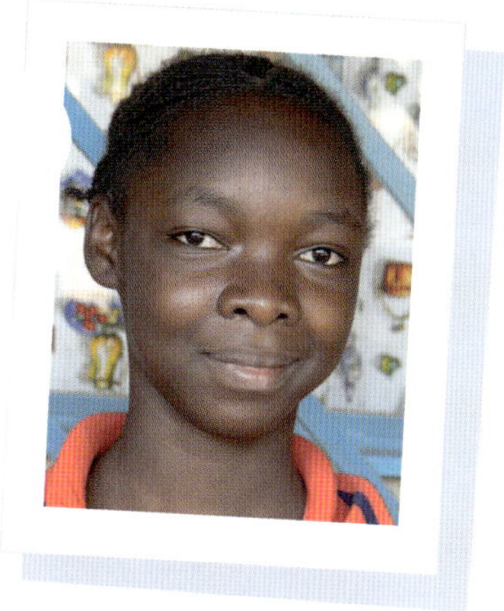

von Ouedraogo, Aida

Es war einmal ein Mann mit seiner Frau, die wohnten zusammen. Eines Tages sagte der Mann zu seiner Frau: „Wenn du mir in Zukunft etwas sagen willst, so schreib es auf, sprich es aber nicht aus, ich bin der vielen Rederei müde!“ Und so kam es, dass die Frau alles auf einen Zettel schrieb, was sie ihrem Mann mitteilen wollte.

Eines Tages sollte es eine sehr wichtige Versammlung geben und der Mann bat seine Frau schriftlich, ihn um 16 Uhr zu wecken. Als 16 Uhr gekommen war, ging sie hin und schrieb auf einen Zettel: „Es ist Zeit aufzustehen.“, und legte den Zettel neben sein Bett.

Der Mann schlief ruhig weiter und wachte erst gegen 20 Uhr wieder auf. Als er auf die Uhr sah, fing er an laut zu schimpfen. Die Frau kam ins Zimmer, sah ihren wütenden Mann und schrieb: „Warum jaulst du denn?“

Der Mann begann seine Frau anzuschreien: „Du weißt, dass ich zu der Versammlung wollte. Warum hast du mich denn nicht aufgeweckt?“ Die Frau antwortete ihm: „Du hast mir doch gesagt, dass ich kein Wort mehr zu dir sprechen soll. Wie hätte ich dich denn wecken sollen?“

Der Mann entschied, dass ab dem heutigen Tag wieder gesprochen werden sollte.

Der Aufstieg des Esels

von Bibéogo, Issouf

Eines Tages fiel der Esel eines Bauern in einen Brunnen. Der Esel stöhnte bemitleidenswert für mehrere Stunden und der Bauer fragte sich, was er nun tun sollte. Dann kam er zu dem Schluss, dass der Esel sowieso schon alt war und der Brunnen nicht mehr genug Wasser gebe und somit zugeschüttet werden sollte. Der Versuch, den Esel herauszuholen, war einfach nicht lohnenswert.

So rief er alle seine Nachbarn, um gemeinsam den Brunnen zuzuschütten. Jeder nahm eine Schaufel und so begannen sie, Steine und Sand in den Brunnen zu schaufeln. War das nicht grausam?

Dem Esel wurde sofort klar, was vor sich ging, und er fing an fürchterlich zu schreien. Doch zur Verwunderung aller fand er einen Ausweg aus dieser schlimmen Situation.

Der Bauer schaute auf den Grund des Brunnens und konnte nicht glauben, was er sah: Jeder Stein, der in den Brunnen fiel, wurde zum Trittbrett für den Esel! Jeder weitere Stein brachte ihn weiter nach oben.

Als er schließlich aus dem Brunnen stieg und fröhlich davontrabte, waren der Bauer und die Nachbarn fassungslos vor Staunen.

Die Moral von der Geschichte? Das Leben wird manchmal versuchen, dich zu verschlingen, so wie der Brunnen den Esel. Jedes Problem ist ein Stein, auf den du steigen kannst und so kannst Du selbst aus dem tiefsten Brunnen kommen.

Erinnere dich in jedem dunklen, hoffnungslosen Moment an die 5 Regeln zum Glücklichsein:

1. Befreie dein Herz vom Hass.
2. Befreie deine Seele von Sorgen.
3. Lebe einfach.
4. Gib mehr, nimm weniger.
5. Warte nicht, tu es.

GESCHICHTE einer alten Königin und einer jungen Bäuerin

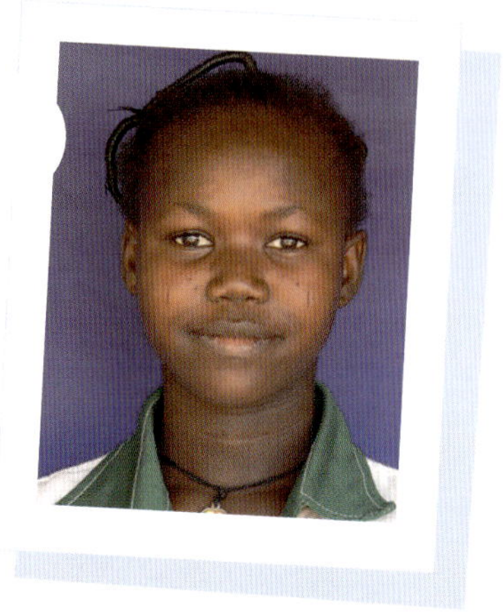

von Kambire, Agnes

Es war einmal eine Königin, die so alt war, dass sie nicht mal mehr Zähne im Mund und Haare auf dem Kopf hatte. Sie war fast blind, selbst mit ihrer dicken Brille sah sie kaum etwas. Die Nasenspitze und das Kinn berührten sich, das war nicht so hübsch anzusehen!

Eine Fee, die schon bei ihrer Geburt dabei gewesen war, fragte sie: „Willst du jünger aussehen?“ „Das will ich! Ich würde all meinen Frohsinn hergeben, wenn ich nur 20 Jahre jünger sein könnte“, sagte die Königin. „Du musst dein Alter an jemand anderen geben, so kannst du Jugend und Gesundheit zurückbekommen. An wen können wir nur deine 100 Jahre geben?“

Die Königin ließ überall jemanden suchen, der alt sein wollte, um die Königin zu verjüngen. Viele Leute kamen, die das Alter auf sich nehmen wollten, um Reichtum zu erlangen, doch als sie die Königin sahen, hustend, spuckend und leidend, wollte keiner mehr sein Alter ändern. Allein die vielen Warzen, nein danke! Sie wollten lieber weiter betteln und Lumpen tragen.

Es kamen auch die Edelleute, denen sie hohe Stellung und große Ehre versprochen hatte. „Was sollen wir schon mit einer hohen Stellung“, sagten sie, als sie die Königin gesehen hatten, „wenn wir uns nicht in der Öffentlichkeit zeigen können, so hässlich und so unappetitlich, wie wir aussehen würden?“

Als Letztes stellte sich ein junges wunderschönes Mädchen vom Dorf vor, das die Krone als den Preis ihrer Jugend forderte. Sie hieß Binta. Sie war so hübsch! Das Herz der Königin wurde weich vor Mitleid. „Wir teilen mein Königreich“, sagte sie zu Binta, „du bekommst eine Hälfte und ich behalte die andere. Das ist Land genug für eine kleine Bäuerin wie dich.“ „Nein“, sagte das Mädchen, „ich will alles haben.“

„Aber sei doch klug, gutes Kind“, sagte die Königin, „wenn du und ich jeweils 50 Jahre alt wären, könnte ich wieder tanzen und singen. Du bist dann die Königin dieses Landes und wir beide bleiben Freundinnen für immer.“ Binta strahlte: „So wird es gemacht!“

Das Volk war sehr froh, denn die alte Königin wurde die Beraterin der neuen Königin, so lebte das Land in Frieden. Jeden Samstagmorgen durften alle Bürger zuschauen, wenn die beiden Königinnen auf ihrem Balkon zusammen Walzer tanzten!

Die HOchzeit des ersten Mannes

von Millogo Sandrine

Hatschi war der erste Mann der Erde. Er war ganz allein auf der Welt und war damit sehr glücklich, denn er brauchte nicht zu arbeiten, um zu leben. Er verbrachte den ganzen Tag damit, Statuen von sich selbst zu errichten.

Als er gerade dabei war, sein zehntes Denkmal fertigzustellen, sagte der große Zauberer zu seiner Dienerin Sanata: „Ich möchte, dass du Hatschi heiratest.“ „Aber wenn er mich nicht will?“„Das wollen wir erstmal sehen. Ich werde dir acht Kürbisflaschen mitgeben.“

Die erste Flasche enthielt die Kälte, die zweite war mit Hitze gefüllt, die dritte war voller Durst und die vierte voller Hunger, in der fünften schwebte ein Schwarm Mücken, die sechste enthielt das Jucken, die siebte trug die Langeweile in schönen Geschichten in sich und die achte war bis zum Rand gefüllt mit Lachen.

Als Sanata die Erde erreichte, tat Hatschi so, als hätte er sie gar nicht bemerkt. Sie öffnete die erste Flasche, die mit der Kälte, doch er entzündete schnell ein Feuer, um sich zu wärmen. Kurz darauf öffnete sie die zweite Flasche, die mit der Hitze.

Er flüchtete sich in den Wald unter den kalten Schatten eines großen Baumes. Nun ließ sie den Durst und den Hunger frei. Er trat an einen großen Fluss, um seinen Durst zu stillen, und schälte Bananen, um den Hunger zu besänftigen. Dabei betrachtete er sie mit Verachtung und hätte sie am liebsten zum Abendessen verspeist.

Als die Mücken ihn befielen, zerschlug er sie mit der Hand und lief davon. Im Rennen begann das Jucken seinen Körper zu befallen, so rannte er zurück in den Wald, um sich an einem alten Baum zu kratzen. Als er fertig war, sich zu kratzen, begann auch schon die Langeweile in seine Ohren zu flüstern, also fing er an Holz zu hacken, um den Geschichten nicht mehr lauschen zu müssen. Der letzten Flasche entfloh das schallende Lachen und erfüllte die ganze Erde. Hatschi verstopfte sich mit Korken die Ohren und legte sich friedlich schlafen.

Sanata musste enttäuscht zurückkehren und dem Zauberer berichten, dass sie keinen Erfolg gehabt hatte. Der zuckte nur mit den Achseln und schickte sie zurück in die Küche. Er rief seine Lieblingstochter, die schöne Ivelo, zu sich und entsandte sie zur Erde, um den Mann einzufangen. Ivelo legte ihr schönstes Kleid an und einen großen Schleier, der in sieben Farben schimmerte: violett, indigo, blaugrün, grün, gelb, orange und rot.

Hatschi fand Ivelo so schön! Er verliebte sich und heiratete sie. Die beiden wurden durch ihre Liebesgeschichte berühmt. Noch heute sagen alle „Hatschi", wenn jemand niest.

Ivelo, die unsterblich ist, schaut ab und zu noch mal vorbei. Dann zeigt sie sich immer in ihrem schönen Kleid und ihrem großen Schleier, der in sieben Farben schimmert: violett, indigo, blaugrün, grün, gelb, orange und rot.

Die wilden Nilpferde

von Ouedraogo, Rasmata

Nilpferde, die noch nie von Menschen gejagt wurden, sind meist sehr neugierig. Folgende Geschichte ist mir passiert: Ich war allein an einem abgelegenen Fluss und angelte. Da sah ich eine Gruppe von 17 Hippos, die wohl noch nie ein afrikanisches Kind haben fischen sehen, denn sie streckten ihre großen Köpfe aus dem Wasser, wackelten mit ihren kleinen Ohren und sahen mich mit ihren großen neugierigen Augen an.

Um nach Hause zu gelangen, musste ich zwischen ihnen durch das Wasser waten, was mir auch ohne Zwischenfall gelang. Etwas weiter entfernt bemerkte ich, dass sie unruhig wurden, und vermutete gleich, dass ich der Auslöser für den Ärger war.

Unter den Hippos war wohl eines, was schon einmal von Menschen gejagt wurde, und es machte die anderen nervös. Das war sehr gefährlich, denn Hippos können, wenn sie gereizt werden, sehr wütend werden. Sie können 60 km/h schnell laufen, Menschen attackieren und sogar ganze Boote umschmeißen. Normalerweise sind sie friedlich und fressen nur Pflanzen. Nachts kommen sie aus dem Wasser und suchen im Dschungel nach leckerem Futter, aber nie nach Fleisch.

Und das war mein Glück: Da es gerade dunkel wurde, bekamen sie Hunger auf Pflanzen und gingen in den Dschungel und ließen mich zitternd vor Angst im Fluss stehen.

Eine reichlich zerstreute Mutter!

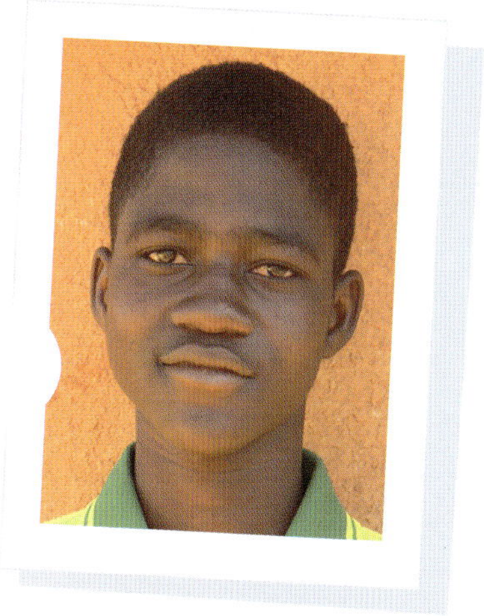

von Bayili Paul

Guten Tag, ist hier das kranke Kind?"
„Gott sei Dank, Herr Doktor, dass Sie da sind! Seit heute morgen fällt mein Kind immer hin!" „Hat es so was schon mal vorher gemacht?" „Nein, Herr Doktor, es war immer gesund und lief fröhlich herum! Ich mache mir solche Sorgen!" „Wie alt ist es denn?" „Kevin ist 4 Jahre alt und immer vergnügt, aber heute hat er sich auf die Nase gelegt und geweint. Jedes Mal, wenn ich ihn hinstelle, fällt er gleich wieder um!" „Das ist besorgniserregend – hoffentlich ist das kein Fall von Kinderlähmung."

„Oh lieber Gott hilf mir! Kevin ist hier in diesem Zimmer, ich habe ihn hingelegt." „Na, kleiner Kevin, hast du gut geschlafen, tut dir was weh?" „Nein, Onkel." „Tut auch dein Kopf gar nicht weh?"„Nein."
„Na, dann stellen Sie das Kind doch einmal auf. Hat er was gegessen heute?" „Ja, Herr Doktor, aber sehen Sie doch, bums, er ist schon wieder hingefallen!"

„Ja, gute Frau – das ist auch kein Wunder! Sie haben seine beiden Beine in ein einziges Hosenbein gezwängt!"

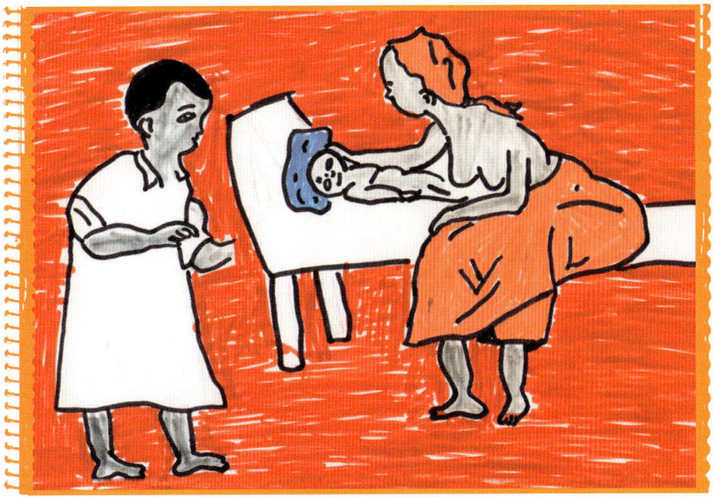

Kampf an der Wasserpumpe

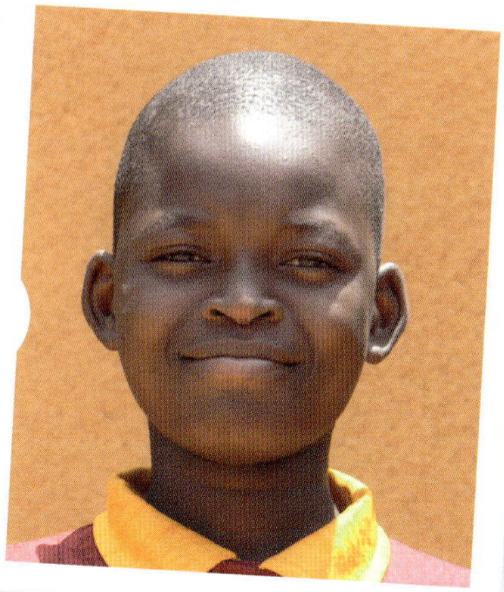

von Ouedrago, Amedé

Bei uns im Dorf gibt es sehr wenig Wasser. Deswegen gibt es den ganzen Tag über an der Wasserpumpe eine lange Schlange von Menschen, alle tragen Eimer oder Kanister oder sogar ganze Fässer mit sich. Nun heißt es warten, denn es erfordert viel Kraft und Zeit, den Pumpenschwengel zu bewegen – manchmal helfen die Großen, aber oft werden die Kinder dorthin geschickt.

Gestern nun hatte Poko ihre Wasserwanne in die Warteschlange gestellt und war dann Feuerholz suchen gegangen. Als sie zurückkam, sah sie ihre Wanne ganz woanders stehen. Völlig wütend fragte sie: „Wer war das? Wer hat mich einfach aus der Reihe genommen?“

„Das war deine beste Freundin Aline“, sagten die anderen, „gerade pumpt sie ihren Kanister voll, siehst du?“

Aline sagte:„Du bist auch nicht besser als wir anderen alle. Du musst bei deiner Wanne bleiben, bis du dran bist!“

„Ab sofort bist du nicht mehr meine Freundin“, schrie Poko, nahm Alines vollen Wasserkanister und goss ihn ihr über den Kopf. Aline riss sie sofort an den Haaren und gab ihr eine Ohrfeige. Poko, nicht faul, gab ihr ebenfalls eine Ohrfeige – oh, es war ein großer Kampf!

Alle schrien: „Hört auf!“, aber da waren schon ihre Kleider zerrissen. Es ging hoch her, bis zufällig der Dorfchef vorbeikam und sie trennte. „Heute Abend kommt ihr mit euren Müttern zu mir!“ sagte er. Leise und betreten schlichen Aline und Poko davon. Abends erschienen die Mädchen mit ihren Müttern frisch gewaschen und sehr kleinlaut beim Dorfchef. Es war schon dunkel.

Die Mütter baten im Namen der Familie gegenseitig um Entschuldigung. Die Mädchen weinten leise – es tat ihnen schon sehr leid, dass sie einen solchen Aufruhr gemacht hatten. Poko und Aline fassten sich bei den Händen. „Gut so, ihr Mädchen“, sagte der Dorfchef, „Streit gibt es immer mal – da wir aber alle in einem Dorf gemeinsam leben, ist es besser und auch viel einfacher, sich wieder zu vertragen.“

WER bin ich?

von Kabré, Samuel

Ich heiße Wackelohr und ich gehe in die Naturklasse 4b. Ich weiß, ich habe wirklich einen lustigen Namen, aber so ist er nun mal! Sicherlich wäre es kein schöner Name für ein kleines Mädchen oder einen kleinen Jungen, aber ich bin auch keins von beidem. Ich bin ein total nettes Tier! Wollt Ihr mehr davon hören?

Vielleicht stell ich mich erstmal vor:
Wenn ich Euch sage, dass ich es hasse zu gehen, weder schwimmen noch fliegen kann, wisst Ihr schon, dass ich kein Fisch, Reptil, Vogel oder Insekt sein kann. Ich gehöre der Familie der Säugetiere an.

Ihr wisst es immer noch nicht? Ich werde Euch noch ein bisschen helfen:
Ich habe eine schöne graue oder braune Haut, jedoch bin ich weder Hund noch Hyäne. Sucht mich unter den Pflanzenfressern, doch bitte verwechselt mich nicht mit einer Ziege oder einem Kamel.

Ein letzter Tipp, dann müsstet Ihr es aber wissen! Ich wiege zwischen 3 und 4 Tonnen, meine Nase ist groß und flach, ich habe kleine Öhrchen auf dem Kopf und 2-4 riesige Zähne im Maul.

Richtig! Ich bin das charmante Nilpferd.

Der betrogene Betrüger

von Ouedraogo, Rasmata

Es war einmal eine Ratte, die sehr schlau war. Sie sagte zu ihren Freunden: „Derjenige, der bis dreißig zählen kann und mich dann draußen finden kann, der darf mich mit Haut und Haar verschlingen.“ Die Hirschkuh begann bis dreißig zu zählen, doch die Ratte hatte sich längst in ihrem Loch versteckt und war somit unauffindbar.

Als nächstes war der Esel an der Reihe: eins, ih-ahh, zwei, ih-ahh, drei, ih-ahh ... 30. Natürlich hatte sich auch diesmal die Ratte schon längst in Sicherheit gebracht. In dem Moment kam die Hyäne müde und verhungert bei der Gemeinschaft an. Die anderen erklärten ihr das Spiel und so begann auch sie zu zählen: 1, 2, 3, 3 mal 5 macht 15 und 15 mal 2 macht ‘30’, ich komme!“

Die Ratte war noch immer im Freien. Als die Hyäne zuschnappte, erwischte sie Gott sei Dank nur das Ende vom Schwanz.

Der erste REGEN des Jahres im Reich der Tiere

von Yameogo, Steven

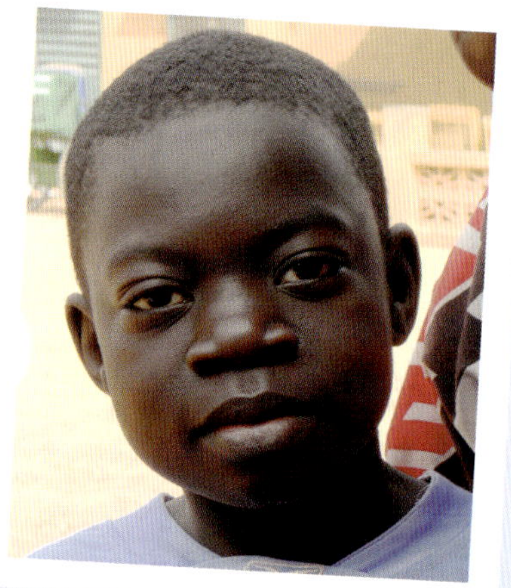

Der Gockel schaut zum Himmel und macht sich Sorgen.
„Wie im letzten Jahr, der Himmel wird uns allen auf den Kopf fallen.“ Der Gockel alarmiert alle seine Freunde. „Schnell, alle in Deckung! Der Himmel ist voller Zorn. Er wird Eiswürfel auf uns werfen!“ Der Gockel steigt unter einen alten Kessel, um sich zu schützen. Die Pute legt ihre riesigen Flügel über ihren Kopf.

„Letztes Jahr haben mich diese Eiswürfel ganz verrückt gemacht. Schnell, holt die Regensachen!“ Oma Huhn ist etwas taub, deswegen dreht sie sich verwundert im Kreis und fragt: „Was geht hier vor, was geht hier vor?“ „Ein Gewitter“, kräht der Hahn und wirft schnell eine leere Konservenbüchse über den Kopf von Oma Huhn.

Mit Genuss frisst die Kuh weiter: „Muh, kein Grund zur Aufregung!“

Die Küken piepen zurück: „Du brauchst dich ja auch nicht zu schützen, dein Kopf ist hart wie eine Melone.“ Alle Tiere des Hofes holen ihre Regensachen zusammen: Kessel, Vasen, Töpfe, Regenrinnen, alte Kartons und sogar Baumrinde.

Das Gewitter beginnt zuerst wie ein sanftes Lied, dann aber folgt ein Wolkenbruch. Bing, bang, bong, brick, brack, brock, frickafrick, frockafrock ...

Die Mäuse verstecken sich unter großen Blättern. Sie sind gut geschützt. Die Gänse verstecken sich unter einem Sieb. Das war keine gute Idee, denn sie haben vergessen, dass ein Sieb Löcher hat. Die Hasen haben es gemütlich in ihrem Loch. Die Kuh brüllt: „Endlich werde ich mal gewaschen."

Als der Regen vorbei ist, kommen alle wieder heraus. Eine Stunde später fällt ihnen plötzlich ein: „Wo ist Oma Huhn?" Endlich finden sie sie schlafend unter ihrer Konservenbüchse. Sie hatte gar nicht gemerkt, dass die Gefahr schon längst vorbei war.

Der SCHUHmacher und der Schmied

von Kaboré, Jean-Jaques

Eines Tages gingen der Schuhmacher und der Schmied gemeinsam ins Dorf, um Arbeit zu suchen. „Ich wette mit dir“, sagte der Schmied, „dass ich heute vor dir Arbeit finde. Heute ist Freitag, da habe ich immer Glück.“ „Und ich“, antwortete der Schuhmacher, „wette mit dir, dass ich vor dir Arbeit gefunden habe.“

Sie kamen an einem Fluss vorbei, der von großen Bäumen beschattet wurde. Der Schuhmacher rief: „Seit heute morgen habe ich Durst, dieses Wasser ist kühl und klar!“

Klirrend ließ er den Sack fallen, in dem sich sein Werkzeug befand, und rannte zum Fluss.

Heimlich öffnete der Schmied den Sack und zerbrach den Meißel des Schuhmachers.

Im Dorf angekommen, bekam der Schuhmacher sofort Arbeit. Er öffnete den Sack und rief: „Oh nein, mein Meißel ist zerbrochen! Bitte schmiede ihn mir schnell wieder heil!“

So kam es, dass der Schmied zwar als erster Arbeit fand, aber er war ehrlich und sagte dem Schuhmacher, was er getan hatte. Beide lachten herzlich über ihre Wette und gingen erstmal ein Hühnchen essen.

Was würde ich tun, wenn ich 3 WÜNSCHE frei hätte?

von Nikiema, Rosalie

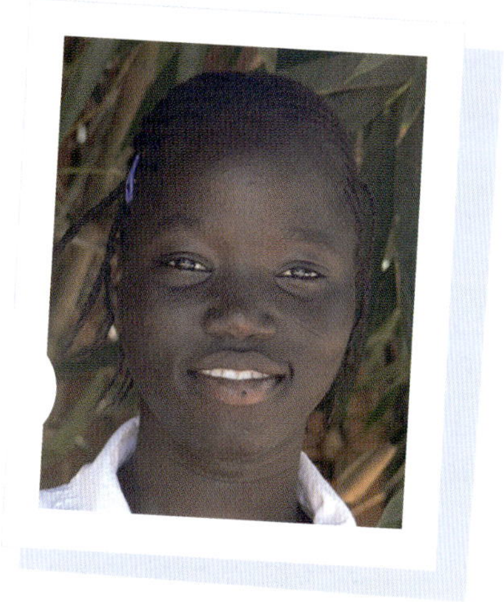

Ich als Mädchen, das aus armen Verhältnissen stammt, habe 3 Wünsche in meinem Leben: Zunächst wäre ich gern Wirtschaftsexpertin und würde in einer großen Bank arbeiten. Zweitens wäre ich gerne die Präsidentin meines Landes, das Burkina Faso heißt. Zuletzt würde ich gerne Frieden für die ganze Welt bringen, indem ich die Friedensgesellschaft GFGW gründe.

Ich werde es mal genauer erklären:
Als Wirtschaftsexpertin in einer großen Bank würde ich dafür sorgen, dass das Geld der sehr reichen Leute weniger wird und das der sehr Armen mehr. Ich würde einfach das Geld der Millionäre von ihren Konten abbuchen und auf die Konten der ganz Armen, die gar nichts haben, verteilen.

Danach würde ich, wenn ich Präsidentin von Burkina Faso wäre, dem Beispiel unseres alten Präsidenten Thomas Sankara folgen. Es gäbe niemanden, der zwei Häuser besäße. Sollte jemand zwei Häuser besitzen, so würde ich ihm eines nehmen und eines lassen. Ich würde Waisenhäuser errichten für die Kinder, die ohne Bleibe sind. Ich würde außerdem ein Gesetz erlassen, das jedes Kind verpflichtet, zur Schule zu gehen, ohne zu bezahlen natürlich. Sollte ein Kind nicht zur Schule gehen, müssen die Eltern ein Strafgeld bezahlen für den Ungehorsam.

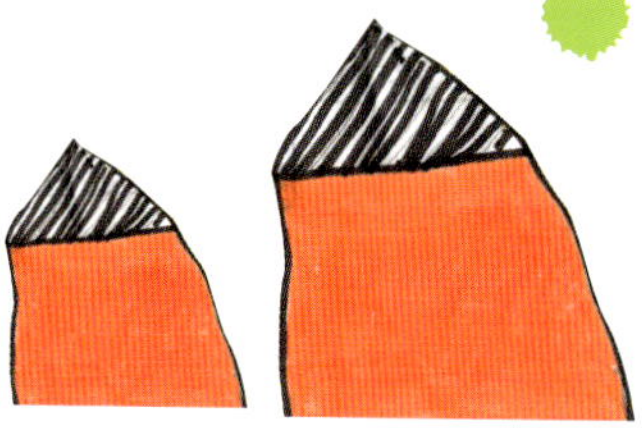

Die Medikamente und Krankenhäuser wären umsonst. Ab dem 20. Lebensjahr müsste jeder anfangen zu arbeiten, so gäbe es keine Arbeitslosen mehr in meinem Land.

Zuletzt, sollte ich es schaffen meine Gesellschaft GFGW, was „Gesellschaft für den Frieden auf der Ganzen Welt" bedeutet, zu gründen, würde ich darüber wachen, dass es keine Kriege mehr gäbe in der Welt.

So würde diese Erde zum Paradies werden.

Liebe Kinder,

nun habt Ihr ein wenig erfahren über unser Leben in Afrika - so viel anders als bei Euch ist es doch gar nicht, oder?

Nur dass die Tiere ein bisschen exotischer sind, und einige Kinder eben auch schlechtere Lebensbedingungen haben als Ihr. Wir wollen hier unbedingt gut in der Schule sein, denn jeder von uns hier will später, wenn er groß ist, dieses Land entwickeln, keiner will mehr Hunger haben, alle wollen ihre alten Eltern oder ihre kleinen Schwestern unterstützen, denn hier gibt es ja gar keine Rente oder Sozialgeld so wie in Deutschland.

Darum suchen wir immer Schulgeld, denn Schule kostet hier Geld. Also, falls Ihr oder Eure Eltern ein wenig Geld geben wollen: mit 30,- Euro kann ein Kind für ein Jahr hier in die Grundschule gehen. Damit könntet Ihr echt Afrika helfen, sich selbst zu entwickeln. Und das möchten wir gerne, alle Arbeit selbst machen!

Seid herzlich gegrüßt von der Waisenhausmutter Katrin - ich würde mich sehr freuen, wenn Ihr uns mal schreibt, wie Ihr unser erstes Buch so findet! Wie Ihr Euch vorstellen könnt, sind alle Kinder hier darüber ziemlich aufgeregt, sich selbst gedruckt zu sehen, so was gab es bei uns noch nie.

Bis dahin wünsche ich Euch viel Freude an vielen schönen Büchern. Guckt mal auf unsere Website **www.sahel.de**

Bleibt gesund und macht schön viel Quatsch!

Eure Katrin
aus Burkina Faso

AMPO Waisendorf

Lage von Burkina Faso
in Afrika

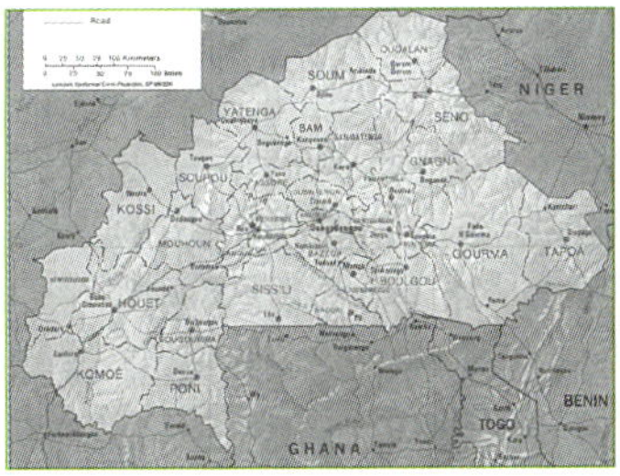

Karte von Burkina Faso
(große Karte » ganz hinten)

Managré Nooma
Association Pour la Protection
des Orphelins

Helfen auch Sie und unterstützen Sie die Hilfsprojekte von **AMPO** mit einer Spende!

Spendenkonto:
Sahel e.V.
Fördesparkasse
Blz: 210 501 70
Kto: 57 85

IBAN:
DE04 2105 1580
0000 0057 85
BIC: NOLADE21KIE

Weitere JAKO-O Kinderbücher mit GRiPS!

Geschichten und Lieder vom Großwerden – zum Nachdenken und Mutmachen! Mit Themen, die Kinder bewegen!

Kinder fürs Lesen und für Literatur zu begeistern, kann auch durch Bilder, Musik und vor allem durch spannende Themen gelingen. Hier sind Geschichten und Lieder, die Kinder interessieren, motivieren und fröhlich machen. Die Mut machen und Tipps geben für mehr soziale Kompetenz, Toleranz & Verständnis. Geschichten, eingebettet in eine unglaublich musikalische Vielfalt und in einzigartige Illustrationen mit Augenzwinkern, bei denen es viel zu entdecken und schmunzeln gibt! **Jeweils: Buch mit vielen Geschichten + (Hörbuch-)CD mit Liedern + Noten.** Fester Einband, Format: 19 x 23 cm, ca. 128 Seiten. **Ab 4 Jahren.**

663-104 JAKO-O Buch + CD
Großwerden € **14,90**

655-505 JAKO-O Buch + CD
Ich bin ich... € **14,90**

658-855 JAKO-O Buch + CD
Miteinander € **14,90**

668-737 JAKO-O Buch + CD
Aus eigener Kraft € **14,90**

zu bestellen unter **www.jako-o.de**

Impressum

JAKO-O Kindergeschichten
aus Deutschland und Afrika
4. Auflage November 2009

Idee und Konzept: JAKO-O
Text und Zeichnungen:
Deutsche und afrikanische Kinder
Fotos: AMPO, JAKO-O
Grafik: Sandra Kähler
Druck: Sachsendruck Plauen GmbH

ISBN
978-3-939776-03-1

Road
Douentza
0 25 50 75 100 Kilometers
0 25 50 75 100 Miles
Lambert Conformal Conic Projection, SP 8N/32N
Niger
Djénné
Bani
San
Koutiala
Koury
YATENGA
Ouahigouya
Séguénéga
Tougan
SOUROU
Yako
PASSORE
Nouna
KOSSI
Dédougou
BOULKIEMDE
Réo
Koudougou
MOUHOUN
SANGUIE
Boromo
KÉNÉDOUGOU
Volta Noire (Mouhoun)
Houndé
SISSILI
Bobo-Dioulasso
HOUET
Léo
Orodara
Diébougou
BOUGOURIBA
Tumu
Banfora
KOMOÉ
Gaoua
PONI
Wa